KINZAI バリュー叢書

行動はすべてに勝る

地域をつなぐ金融プラットフォーム革命

株式会社ココペリ
田島　達也［著］

一般社団法人金融財政事情研究会

■序文——推薦のことば

「金融機関」と聞いてあなたは何をイメージするだろうか。

お役所みたいな堅いところ、お給料が振り込まれるところ、いつも混んでいてできれば行きたくないところ、などイメージはさまざまだろうが、公共性の高いサービスを提供しているところ、という印象は比較的多いようだ。一方で、消費者からの視点とは異なるもう一つ重要な側面が金融機関にはある。それは「地方創生の旗振り役」だ。特に、地域に根ざした金融機関である「地方銀行・信用金庫・信用組合」は、その地域の中小企業へ資金を供給し、新しい産業や新規ビジネスを育成し、その地域の特性にあわせたきめ細かな金融サービスを提供し、地域経済の活性化を担うという重要な役割がある。

昨今、金融業界は大きな変革期を迎えている。個人から集めた預金を使って、中小企業に資金を提供し、その利鞘を稼ぐ、という従来のビジネスモデルでは通用しなくなった。なぜなら、このビジネスモデルは経済が右肩上がりに成長していることを大前提としているからだ。人口減少や高齢化、中小企業の資金需要の低迷など、地域経済が縮小していくなかでは残念ながら成立しない。それでは、これからの金融機関はどのように地域と向き合い、どのような金融サービスを通じて地域活性化を実現していくのか、本書はテクノロジーを最大限に活用した未来に向けた

「新しい金融サービスのカタチ」を提言してくれている。

そして本書のもう一つの物語は、金融機関の使命と真剣に向き合い、さまざまな葛藤を抱えながらも突き進む一人のバンカー（金融マン）の話である。私自身、短期間ながら一度は金融機関に身を置き、現在も多くの金融機関と協業をさせてもらっている人間としていえることは、まさに彼は「破天荒バンカー」だ。もちろん破天荒とは、「いままで人がなしえなかったことを初めて行うこと」という良い意味だ。金融機関はいわゆる歴史のある大企業であり、かつお金を取り扱う業種柄もあってか「例外」を認めにくい社風・文化である。そのなかで田島氏は、ひときわ輝く強烈な個性を放っていた。一人のバンカーとして、彼は何を想いどのような行動をしてきたか、本書はその生き様を余すことなく語っている。この生き様は、バンカーでなくとも、企業で働く社会人としてだれもが感じるであろう「企業の論理」と「個人の想い」という時には相反する「2つの正義」とどのように向き合っていくべきか、という難問に一つの解を示しているかもしれない。

最後に、「金融サービス革命で地域を幸せにしたい」という同じ志のもと、いま現在、ともに刺激的な毎日を過ごすことにつながった、彼との奇跡の出会いに感謝したい。

株式会社ココペリ　代表取締役CEO　**近藤　繁**

目　次

第3章　新たなビジネスモデルができるまでの軌跡

第4章　地域の枠を超えた地域金融機関ビジネス

第5章　アマゾン銀行に対抗する

第1章

2000年〜2019年まで、金融機関の現場でみてきたこと

あなたのバンカーとしての使命は何ですか？

この言葉を投げかけた時、全国のバンカーたちはいったいどんな回答をするだろうか。私の答えは、2000年に横浜信用金庫へ入社した時から「地域活性化」である。多くのバンカーの答えもきっと同様だろう（そうだと願っている）。

しかし、実態として、地域金融機関はどれだけ地域活性化に貢献できているのだろうか。心から「地域活性化」に向けて日々精進していると言えるだろうか。

多くの場合、「地域のために」役に立つ仕事をしたいと考えて金融機関に入るのだろう。しかし、いつの日からか、目的が「地域のために」から「金融機関のために」に変わっている。「金融機関の利益のために○○が必要である」という判断軸になっていたり行動軸になっていたりする。

金融機関、特に地域金融機関の先行き不安がとりざたされてもう数年が経過する。その過酷な環境下でも変わらずに、「金融機関のために」という動きが多い。「ビジネス上やむをえない」という声も聞こえる。しかし、ビジネス上での思考であればなおさら「お客様のために」という視点が必要である。私はここ数年、そんな違和感を強く抱きながら働いてきた。そして、明るい未来を見据えながら現在も活動している。使命は原点の「地域活性化」である。金融機関のあるべき姿とは何かを考えに考え抜いて、現在はBig Advanceというサービスを全国展開している。本書が、少しでも地域金融機関経営陣を含めた働く方々、地域の方々、FinTech企業の方々へのヒントになればと願っている。

融資業務を学ぶ

私は、2000年4月に新卒で横浜信用金庫へ入社した。就職氷河期と呼ばれる時代であり、就職活動はどの学生も苦戦していた。私は大学時代に、中小零細企業の部類に当たる食品加工工場（大根のツマをつくっていた）で3年間アルバイトをしていた。アルバイトで入社した時は、社長と奥様、社員が3名、アルバイトが私を含めて4名という規模であったが、大学を卒業するまでに工場移転、人員増員の時期が重なった。企業の成長を体験できた貴重な3年間であった。中小零細企業から中小企業へ転換していくようすを間近でみて、そうした企業成長のお手伝いがしたいと考えるようになり、地元の信用金庫を第1希望として就職活動を行っていた。運よくご縁をいただいて横浜信用金庫に入社できたのは、偏に3年間アルバイトとして勤務した食品工場のお陰だと感謝している。

横浜信用金庫へ入社して最初に配属された店舗は、横浜市瀬谷区にある瀬谷支店だった。瀬谷支店は、信用金庫の店舗としてはいちばん多いタイプの「法人・個人混在型店舗」だった。

約半年間の預金業務担当を経て、「融資担当」に任命された。当時はバブルが弾けた影響がまだ残っており、業績悪化に苦しんでいる企業が多くあった。金融円滑化対策としてセーフティネット保証という制度もあり、ほとんどの企業が信用保証協会の保証付融資で8000万円の借入れができるような感覚に陥っていた。私は、ちょうどセーフティネット借入れを行った後に資金繰りに窮して返済ができなくなり、多くの企業が条件変更となるタイミングで融資担当に任命された。まずは融資をすることではなく、リスケ（条件変更）の相談を受けることから始まった。言葉が適切かわからないが、この点については非常に運が良かったと思っている。「なぜ返済できない状況になったのか？」「この企業が返済できるようになるためにはどうすればよいのか？」などを考えるきっかけになったことは間違いない。

企業への融資を行う際に大切なポイントは、その企業にとって融資することが有益かどうか、バンカーが判断しなくてはならないということである。融資業務を始めた時に、返済に苦しむ企業経営者とさまざまな会話ができた経験が、その後の融資判断や営業担当になった時の企業へのアプローチにおいて、プラスに働いたと感じている。目先の数字に追われずに、「この企業にとって本当に必要なのか」を第三者的な立場で見極めることが重要だと考えられるようになった。

企業経営者はしっかりとした事業計画のもとで借入れを行うことが大前提である。しかし、事業がうまくいかない時にはなかなか正常な判断ができなくなる。目先の資金調達が経営を左右するとなると、どうしても無理な借入れを行ってしまう。それがきっかけで借入れは返済能力を超えることになり、資金繰りの悪化を加速する。当時の支店長からは「貸すも親切・貸さぬも親切」とよく教わった。たしかにそうである。貸し手責任は大きい。当時は特に、金融機関担当者は取引先がリスケを行った途端に、お客様ではなくなってしまうかのように激しい口撃を行っていた。

「なんで返済できないのですか?」

「もっと返済できるでしょう?」

「交際費は何に使ったのですか?」

「もっとここの経費削れませんか?」

とにかく、回収額を増やすことが偉いとばかりに、返済額を増やすために口撃するのである。

そのような担当者の態度に、私は非常に違和感を覚えていた。債権回収は、金融機関にとっての損益収支に影響する大事な業務である。しかし、貸した責任はないのだろうか。融資を行った際にどんな判断で貸したのであろうか。その時の判断はどうだったのかを検証もせずに返済できなかった企業を追い詰める。さらに言えば、返済できなくなるまでに金融機関として当該企業に対してどんなことをしたのだろうか。さまざまな日報や記録をみる限り、「何もしていない」ことは明らかだった。このような状況を目の当たりにして、「これが金融機関の仕事ではいけない。ただの金貸しになってはいけない」と考えるようになった。金融機関として、バンカーとして、企業の成長を後押しして、できる限りの協力をする。そのうえでリスケになったとしたらやむをえないと思える。自分たちの力量不足だった、もしくは一生懸命寄り添ったにもかかわらず何かしらのかたちで裏切られてしまい、結果としてリスケに至った場合は、胸を張って債権回収に走ればよい。何もしていないにもかかわらず、優越的地位を濫用するような債権回収を行ってはいけない。「貸し手責任」は必ずある。そして「貸し手責任」をしっかりと認識することが相手にも必ず伝わると学んだ。もちろん、本当に学んだと実感したのはこの何年も後であるが、融資業務にかかわった時にしっかりと「貸し手責任」を感じられたことが後々の営業活動に活きたと断言できる。

融資担当の時は1カ月に7社~8社のリスケ申込みを受け付けていた。すべて返済に苦しんでいる企業経営者たちである。まだ挽回のチャンスをうかがっている経営者もいれば、半ば諦めていて事業に対するやる気のない経営者もいた。私は、自分が働いている会社が少なからず人々を不幸にしていることが嫌だった。お金というものは時に人を幸福にするものである一方、時には人を不幸にするものだと体感した。非常に怖いものを扱っている企業に就職したのだと強く認識した。

その半面、金融機関は非常にやりがいのある職場であるとも感じていた。目線が「融資をする」「商品を売る」というのではなく「経営のお手伝いをする」、個人の方であれば「資産を少しでも増やすお手伝いをする」という感覚があったからだと思う。エンドユーザーがしっかりみえていて、その方々のために自分は何をすべきかを考えていた。

後の本部勤務時代に、いろいろなサービス業者から取扱いや購入などの提案を受けることがよくあった。その提案されるサービスが「金融機関のためにこんなものはどうか？」というものは、残念ながらまったく私の心には刺さらなかった。たとえば、本部事務が楽になるシステムや、コスト削減につながるような提案である。一方で、たとえば「取引先の人手不足を解消するために提携しませんか？」などの提案には興味を引かれ、すぐに取り入れようと動いた。最終的に金融機関にとってもプラスになると信じているので、お客様にとってプラスなものは提案者も含めてＷｉｎ－Ｗｉｎ－Ｗｉｎであるという考え方である。最近、ＦｉｎＴｅｃｈ企業のサービスのなかで、「金融機関のため」を強調しているものを目にする。その先にいるエンドユーザーがハッピーになるものかどうかが示されていないものが多い。金融機関の利益になるものを提案することがミッションになってはいけない。その先にいるお客様にとって最終的に有益かどうかで判断すべきである。金融機関の利益になると言われて導入を進めている金融機関も数多くあるのが重ねて残念な部分ではあるが、東北のとある地銀のシステム部の方から聞いた言葉は印象的であった。

「お客様にとって有益なものには投資する。銀行だけに有益なものには投資しない」

非常に素晴らしいと思う。この感覚が債権回収の全盛期にも金融業界全体に備わっていたら、また世界が変わっていたかもしれないと思い出された。

兎にも角にも当時の金融機関は、いかに不良債権を処理するかが急務であり、金融検査マニュアルにのっとっているかがポイントだった。金融検査マニュアルによって金融機関の現場は画一化されていった。

個人顧客との関係づくり

横浜信用金庫に入社して1年9カ月が経過した時、営業担当に任命された。地域担当として営業エリアを割り振られ、地域を隅から隅まで開拓するという業務を行った。当時は「年金受給を横浜信用金庫へ」という機運が強く、年金受給者をいかに開拓するかがポイントでもあった。私は営業担当となってから最初の半期で成績1位を獲得するが、大きく貢献したものが「年金受給の獲得」であった。個人顧客との関係づくりは非常にわかりやすく、「お付き合い」というものは存在しない。顧客がメリットを感じなければ他の金融機関から乗り換えてもらうことはむずかしい。商品性の差も少ない。では何をすればよいのかと考えた時に、ここでもやはり「お役に立つ」という視点が重要であるということが、たどり着いた答えだった。いま振り返れば、この時の経験が私の営業スタイルの基盤となっている。

顧客の「お役に立つ」にはどうすればよいか。まず考えたことは「地域のことを知るべき」ということであった。地域を知るためには数多くの方とお会いしようと考えて、俗に言う飛び込み営業を徹底的に行った。当然空振りも多く、お邪魔した先には大変な不信感を与えたことも多々あったかと思う。すぐに最初の壁に当たった。「自分には武器がない」ということである。

ある企業に飛び込み訪問を行う際、1回目の訪問時には挨拶を行う。しかし2回目の訪問時に何をしてよいかわからなくなってしまう。

「先日お邪魔した横浜信用金庫の田島です」

「何をしに来たのですか?」

「取引をしてほしくて」

「ほかは?」

「いや、特にありません」

「うちは結構です」

「あっ、はい。ありがとうございました」

といった具合に、取引するべきメリットを企業側に供与できるスキルがなかった。質を提供できないならば量でカバーしようと考え、非常に多くの訪問を行った。その結果、地域を知ることができ、担当地域には「高齢者が非常に多い」ということがわかった。そこからは取引先を増やそうと思い、個人宅への飛び込み営業を、朝から晩まで時間さえあれば行った。時代はまだまだ「預金を集める」ことに注力していた時代であり、特に横浜信用金庫では年金預金に注力したことから、他の金融機関に比べて高金利定期預金を発売していた。そのような状況でもあり「他行よりも金利が良い」という武器をもち、徹底的に数多くの個人宅へ突撃訪問を行った。残念ながらこの時点では商品が武器であり、自分自身が武器にはなっていなかった。

訪問数を増やすことで少しずつ成果は出てきたものの、次の壁にもぶつかった。商品性だけでは人は動かないという壁である。多少なりとも商品に優位性があるとはいえ、ごくわずかな差にすぎない。金利の差に引かれて、年金口座を横浜信用金庫に移動する方は少なかった。1日30件以上の訪問を繰り返していたため、なかには年金口座をほかから移してくれる方に出会うこともあったが、営業の効率性は非常に低かった。また、飛び込みで訪問を繰り返すことは、精神的にもかなりの強さが必要となる仕事であった。

そんなある日、年金受給を横浜信用金庫に指定してくださっている既存顧客の方からアドバイスをいただいた。その方のご自宅から横浜信用金庫瀬谷支店まではバスで15分ほどかかる。その間には郵便局もあり他の金融機関もあり、横浜信用金庫に指定している理由は多少の金利しかないように感じていた。不思議に思い、なぜ横浜信用金庫に指定しているのか単刀直入に聞いてみた。

「私がなぜ横浜信用金庫さんに年金を指定しているかというと金利が高いからじゃないのよ。以前私がお金で困っていた時に、当時の担当者が話をよく聞いてくれてアドバイスしてくれたからなの。その時の恩義もあるけど、そうした姿勢をみせてくれる金融機関ってほかになかった気がしていて、いまだに横浜信用金庫さんにしているの。お金の話って実はだれにも相談できないでしょ? 家族だろうと話せないこともある。その時に相談に乗ってくれるってとても安心なのよ。だから金利じゃなくて私はそういう関係性に魅力を感じているの」

この時のことはいまだに鮮明に覚えている。目から鱗だった。その時までの私は恥ずかしながら「物売り」をひたすら続けて、行動力でカバーしようとしていた。会う人会う人に、「よそより金利がお得ですよ!」と声をかけていただけであった。お客様が何に悩んでいて、課題をもっているかなど聞いたことがなかった。この時から明らかに私の営業スタイルは変わった。「物売り」は行わずに、まずはお客様が何を求めているのか聞いてみようと思った。その後も飛び込み営業は続けたが、訪問の際のひと言目が変わった。

「金利がお得です！」から「お金でお困りのことを伺いにきました！　お話を伺ったうえでいろいろとご提案をさせてください！」に変えてみた。そうすると一気に反応が変わる。もちろん「必要ない」と言われることも多かったが、一定数の方々はちょっと話をしてみようかという反応に変わり、より多くの方と会話をする機会が増えた。

「実は相続対策で悩んでいた」

「他行でアパートローンがあって金利が高い」

「ペイオフが心配だ」

「孫にお金を分けてあげたいけど、どうすればよいのかわからない」

「退職金で住宅ローンを返済すべきか悩んでいる」

時には、「主人が浪費家で困っている」「息子の教育費用が滞りそうだ」などの話もあった。耳を傾けるだけで多くの情報が入ってきた。そこからは、わからない時は当時の上司に相談をして解決策を教えてもらいお客様に提案したり、半年も経過すると自分だけでも対応したりとできることが増えてきた。人の役に立つことで営業は成立するのだと強く感じるようになった。

私は、部下ができた際には、必ず営業は「口」ではなく「耳」で行うものだと伝えている。まずはお客様の課題や悩み、希望することなどを聞かなければ営業活動は始まらない。私は最初の職場でこの大切なことを学ぶことができた。結果として、「物売り」を一生懸命行っているメンバーとの差別化が図られ、当時の営業表彰で1位を獲得することができた。そして十数年後にはBig Advanceを立ち上げることになるのだが、この時の経験が大きく活きている。お客様の求めていることに対して解決策を提案するのが営業であり、自分たちの売りたいものを売るのが営業ではない。プロダクトアウトやお願いセールスなどは自分自身の価値を下げるだけのものであると考えるようになった。

考えることを失った

バブル崩壊後の長引く不況もあり、横浜信用金庫に入社してから数年は、不良債権や金融検査マニュアルを意識した動きが目立っていた。また、あわせて金融機関内部規定を守ることが仕事になっていたような状態でもあった。金融検査マニュアルや社内規定に従うことは絶対であり、少しでも規定から外れるようなことがあれば、即罰則が適用され減給処分になる。いまから思えば、規則に従うのが大切であって、お客様にどう向き合うかなどを考えることは失われていたと感じる。

当時（いまもそうであるが）、融資を行ううえで重要になるのが「自己査定」であった。「自己査定」では取引先を債務者区分という形式で色分けを行う。「正常先」「要注意先」「破綻懸念先」「実質破綻先」「破綻先」といった分類に分けて、そのうえで債権をⅠ分類からⅣ分類に分ける。Ⅰ分類が正常債権でⅣ分類が回収不能債権である。これらの債権分類に、パズルと同じように取引先を当てはめていく。まず、債務者区分を判定する。その際に用いるのが決算書である。つまり過去のデータに基づいて債務者を区分することになる。将来性などの観点はいっさい入らない。また、Ⅳ分類になると金融機関は引当金を積まなくてはならない。Ⅰ分類は保証協会保証付融資など優良担保でカバーされている債権として、正常債権としてみなされるため、引当金を積むことなく金融機関の収支には影響を与えない。Ⅱ分類やⅢ分類は不動産担保などの一般担保と呼ばれているものでカバーされている部分を指す。Ⅳ分類は無担保部分を指すため、金融機関にとって期間収支を圧迫する要因になる。そのため、いかにしてⅣ分類を出さないようにするかが審査のポイントになる。融資時点に限らず、融資期間中に融資先の業績が悪化して、格付が低下して実質破綻先に至った場合は、融資した債権の無担保部分がⅣ分類に査定されることになる。金融機関にとっては収益の直接的な圧迫要因になり死活問題だと考えられていた。そのため、担保評価の範囲内で融資を行うというスタンスが当たり前になっていた。さらに保全のない

自己査定における債権分類基準

高い　←　回収の可能性　→　低い

担保などの分類＼債務者区分	優良担保（預金・国債などの担保）／優良保証（保証協会などの保証）	一般担保（不動産担保等）：処分可能見込額（評価額の70％相当分）	一般担保（不動産担保等）：評価額と処分可能見込額の差額（評価額の30％相当分）	担保なし
破綻先	Ⅰ	Ⅱ	Ⅲ	Ⅳ
実質破綻先	Ⅰ	Ⅱ	Ⅲ	Ⅳ
破綻懸念先	Ⅰ	Ⅱ	Ⅲ	Ⅲ
要管理先	Ⅰ	Ⅱ	Ⅱ	Ⅱ
要注意先	Ⅰ	Ⅱ	Ⅱ	Ⅱ
正常先	Ⅰ	Ⅰ	Ⅰ	Ⅰ

（財務内容：不良↑↓健全）

Ⅳ（第４分類）：回収不能債権
Ⅲ（第３分類）：回収に重大な懸念のある債権
Ⅱ（第２分類）：回収に注意を要する債権
Ⅰ（第１分類）：正常債権

破綻先　　法的・形式的な経営破綻の事実が発生している先をいい、たとえば、破産、清算、会社整理、会社更生、手形交換所の取引停止処分などの事由により経営破綻に陥っている債務者

実質破綻先　　法的・形式的な経営破綻の事実が発生していないものの、深刻な経営難の状態にあり、再建の見通しがない状態にあると認められるなど実質的に経営破綻に陥っている債務者

破綻懸念先　　現状、経営破綻の状況にはないが、経営難の状態にあり、経営改善計画等の進捗状況が芳しくなく、今後、経営破綻に陥る可能性が大きいと認められる債務者

要注意先　　金利減免・棚上げを行っているなど貸出条件に問題のある債務者、元本返済若しくは利息支払が事実上延滞しているなど履行状況に問題がある債務者のほか、業況が低調ないしは不安定な債務者または財務内容に問題がある債務者など今後の管理に注意を要する債務者

うち要管理先　　要注意先債務者のうち、「３カ月以上延滞債権」にかかる債務者または「貸出条件緩和債権」にかかる債務者

正常先　　業況が良好であり、かつ、財務内容にも特段の問題がないと認められる債務者

いわゆるプロパー融資に関しては、極力短期間で設定するというスタンスをとっていた。融資期間は長くても3年、できれば1年以内という事例もザラにあり、企業の資金繰りを結果的に悪化させる要因となっていた。

新規開拓で伺ったとある老人ホームで、いまでも忘れられない出来事がある。何回か訪問して意気投合し、決算書を拝見した後、融資の提案をした時のことである。この老人ホームは主に透析療法を強みとしており、透析患者を対象とした施設だった。まれな業態であり全国から入居依頼があり、入居待ちは1000人以上発生していたため、増設も検討している状況にあった。設備産業のために借入期間は極力長く設定したい施設側に対して、既存金融機関は当然のごとく1年や3年で融資を行っていた。フリーキャッシュフロー（FCF）との整合性がなく、定期的な補てん資金が必要な状況であり、私にも相談をしていただけた。事業性を考慮すると高齢化社会において必要な業種であり、業態としても透析患者を中心とした体制であり大幅な供給不足に陥っている。当然にノウハウもあり、経営陣も社会貢献への意識や社会問題解決の意識も高い素晴らしい企業だと感じた。私は迷わず無保全で5年もしくは7年での対応を上申した。それでも短いと考えていたくらいだ。だが当時の上司は、「5年の運転資金なんて聞いたことがない。こんな案件は絶対にやるべきではない。本部に何を言われるかわからない」と判断した。そこに事業性という判断軸はなかったのである。これには大きなショックを受けた。たしかに期間が長くなればなるほど期間リスクというものが発生する。5年先の未来を正確に把握することは不可能である。ただし、事業の5年継続リスクが1％なのか99％なのかを考えることはできるはずである。それすらも拒否する、いやそもそも選択肢として考えられていないことに私はショックを受けたのである。

この老人ホームの案件は、結果としてさまざまなデータをお客様にもご用意いただき、最終的には5年で提供することができたが、多くの負担をお客様におかけしたことを申し訳ないと感じた。この案件がきっかけとなって、他の金融機関も融資期間を延長したと後々に聞くことができ、その時初めて救われた気分になった。結局のところ、当時の上司の判断が問題だったわけではない。画一的なルールが存在してそのルールを守ることに執着せざるをえない状況下にあったことが問題なのである。お客様の事業内容は優先順位が低く、過去の決算書から紐づく債務者区分そして債権分類基準、その他いろいろなルールが存在していた。企業の抱える在庫に関しても統一されたルールがあった。仕入れから1年以内か1年超かが不良資産の判断基準になる。それがたとえ生鮮食品であっても、流行色が強い洋服であっても、鉄屑であってもルールは同じである。取引先の事業を判断すること自体がプロセスから抜けていた。事業性評価という言葉が出始めてからいまに至るまで、いまひとつ浸透していない理由が、この時期に行っていた「考えることを失った企業評価手法」が影響していることは間違いないと思える。自分が経験していないことは部下にも伝えることができない。現場で出てくる言葉は「事業性評価をやってこい！」である。これでは方法論が欠けているのだから浸透するはずがない。このギャップを埋めることが喫緊の課題である。やはりバンカーはお客様のことを把握して事業課題の解決提案をしなくてはならない。考えることを失っていた時代の影響がいまだに強く残っていることを認識したうえで、営業活動を行わなくてはならないのであろう。

リーマンショック

2003年1月から栗木支店で3年間営業担当として勤務し、その後新規開拓を専門業務とする法人開拓班に1年間在籍してから、2007年1月〜2009年12月まで本店営業部へ配属された。この本店営業部での3年間はちょうどリーマンショックの時期と重なっている。リーマンショックでは、業績が良いと思われていた企業が急に倒産するなど思いもよらない出来事が多発した。多くの不良債権が発生して私も債権回収に奔走した。つい先月、東証二部に上場した企業に延滞が発生するなど、何を信じてよいのかわからない状況であった。特に私は不動産関連企業を担当していたため、担当先に多額の不良債権が発生した。リーマンショック前はバブル経済の時と似たような状況となっており、不動産価格は急騰し金融機関もこぞって融資を行っていた。特にマンション建設案件が多く、設立10年にも満たない企業でもマンション建設に着手し、融資金をもとに事業を形成していた。そんな時にリーマンショックが起こった。バブル崩壊で経験したことを繰り返したのである。

不動産価格は下落して担保割れとなり、債権回収もままならず多くの不良債権が発生した。その時の金融機関には、企業の事業価値を向上させるという感覚はなかった。どうやって回収するか、そればかり考えさせられる毎日であった。弁護士受任通知が毎日のように届き、延滞債権が毎月増えていくなかで、個別企業と向き合って将来像を描くことはなかなかむずかしかった。

しかし、あらためてリーマンショックを振り返ってみると、危機の最中に新しいビジネスモデルを見つけた企業や持続可能なビジネスモデルを構築した企業は多数ある。そうした企業はその後多くの利益を生み出した。私は正直に言えば、リーマンショックの時は債権回収に没頭し、横浜信用金庫の収益を守ることに必死だった。なぜ、苦しんでいる企業の事業価値向上に資する行動ができなかったのだろうかといまでも悔やんでいる。

債権回収はたしかに重要な業務である。ただし、企業側に寄り添ったうえで将来像を見据えて、しっかりとした対話のもとに行わなくてはならない。私自身が十分にできていたかというと否定せざるをえない。リーマンショックの直後は、企業にとっていちばん苦しい時期である。それは地域にとっても同様であった。企業は雇用を生んでいる。少なくともその企業で働く従業員の方々がいる。私はそこに目を向けていたのだろうか。1つの企業が生み出す地域への価値は計り知れない。決算書に書かれている内容だけでは足りないのである。従業員がいてその家族がいる。その従業員の家族が地域で消費すれば、その影響が他の地域企業へ派生する。地域の企業が地域のGDPを支えているのである。

2020年に世界中を襲った新型コロナウイルスは、リーマンショック以上のインパクトを経済活動に与えている。リーマンショックとは比べものにならないレベルの試練が地域企業を襲っていることは間違いないだろう。本書執筆時点では、コロナ対策資金として多くの企業が資金調達を行っている。国も市町村も全力をあげて制度を策定し、金融機関も資金提供を行っている。レベル感の差はあれどもリーマンショック時の動きと似ている状況下にある。そして、コロナ収束後には、企業が今回調達した資金の返済負担をどう補っていくのか、失われた売上げや利益の回復をどう行っていくのかなどに焦点が移っていくだろう。資金繰りの安定化や業績の安定化までに時間を要する企業は多々あるだろう。そんな時にリーマンショックで私が経験した反省を繰り返してほしくないと願っている。コロナ禍にある段階ではもとより、コロナが収束した後も、企業にとっては苦しい時期が続く。そんな時こそ金融機関の出番である。当然ながら私もその一端を担いたいと考えている。

話を当時に戻すと、リーマンショックの頃、ある企業の社長からこう言われた。「ダイエーなど大手企業は救済されるがわれわれ中小企業はすぐに倒産に追い込まれる。不公平だ」。おっしゃるとおりである。リーマンショックを経て、金融機関はさらにルールを遵守するようになる。いかに不良債権処理を想定して融資を行うかが重要な指標になっていて、業績評価にも「保証協会保証付融資増加額」などが組み込まれていた。企業価値向上へのアクションに対してはいっさい評価されず、保全を構築した融資が評価されるという状況にあった。そして、このような体制はその後の低金利競争を招くこととなる。また、「商品を売ること」「ルールを守ること」が評価されるため、いつしか行動を起こせない評論家や審査員が金融機関内に増えていった。

審査員、評論家ができあがる

2010年1月から六浦支店で2年半、横浜西口支店で3年間、営業課長として従事した。営業課のトップとしてそれまで以上に責任があり、その一方で自由に仕事ができるようになった。管理職というポジションではあるが、支店には支店長と次長が上席にいるためいわゆる中間管理職である。この中間管理職は組織、チームを運営するうえで非常に大切なポジションである。上席のほうを向いて仕事をするようでは、部下は当然ながらついてこない。一方で部下ばかりみていてはチームとしての強さが最大限に活かせない。試行錯誤を重ねながらある一定の答えを自分自身で出した。それは3つの考え方というものである。

まず1つは、上席に対しては「方針を伝え、理解を得て、PDCAを報告する」というものである。あるべき姿を共有して、コンセンサスを得て、PDCAを可視化する。営業として企業に対して行っているのと同様のことである。

2つ目は、部下に対して、「ルールは「報告・連絡・相談の徹底のみ」、後は自由に考えて動いてよい」と伝えた。個性を最大限活かして、将来に向けて自分で考える人材になってほしいと願い、こうしたメッセージを出した。もちろん、報告の部分になるPDCAは高速で毎日回す。日報などを活用して振り返りの部分は特に重要視した。さらに、毎朝15分程度の朝礼を開催して簡単な勉強会を実施した。入社して間もない営業マンたちは当然ながら知識が乏しいし、入社して10年を経過した人材ですら知識不足がみられた。金融機関で得なくてはいけない知識はとにかく幅が広い。座学だけではなく経験から得られる知識も多い。私は、毎朝15分でもっているすべての知識を彼らに還元しようと考えた。最初は「毎日はきついなあ」とか「時間がないなかで大変だ」などの声が聞こえていた。しかし、いつしか当たり前のように浸透していった。そして、当時の部下たちが課長職になったいま、当時と同じように朝礼15分勉強会を実施していると耳にする。たった15分の勉強会であるが、毎日継続して行うことで1年後には大きな成果を得られる。当時の部下たちもそのことを理解してくれていたことを嬉しく思っている。

3つ目は、自身に対して「部下ができないことだけをやる」と課すことである。部下ができることはすべて任せる。育成の意味も大きいが、組織運営を行うなかで部下とは違うことをリーダーは行うべきだと考えた。部下と同じことをしていては組織のパフォーマンスをあげられない。部下のもっている力の100％＋αを出してもらう手助けをしながら、自分自身はあるべき姿に向かって不足している部分に集中する。

この3つの考え方をブレないで実践していくと、自然と業績は向上していった。表彰がすべてではないし個人的にも表彰で物事を図ることは間違っていると思っているが、結果を表現するにはわかりやすいためあえてお伝えすると、六浦支店では私の在任中すべての期間で店舗表彰と営業団体表彰を受賞した。部下においては大半が個人表彰を複数回受賞し、店舗融資総額は25％増加した。次の横浜西口支店でも成果は順調にあがり、店舗融資総額を1年3カ月で120億円増加させるなど、横浜信用金庫内の記録となる大きな成果をあげた。これまでの経験やリーマンショックでの失敗を糧に、しっかりとお客様に向き合うことを基本軸として3つの考え方を実践してきたことで、大きな成果をあげることができた。部下たちと必死になって、お客様のために、地域のために頑張る日々は非常に楽しく、有意義であった。

ところが、成果をあげるたびに聞きたくない声も耳にするようになった。「田島のやり方は軍隊式だ」「成績のためだけに動いている」「あのやり方は良いけど、問題点もあるよね」「融資審査の考え方が違うと思う」などなど、言われたい放題であった。これは、どこの企業にも起こりうるものであろう。金融機関だからこそという風習ではない。ある本のなかに「男の嫉妬が一番怖い」というフレーズがあった。まさに出世争いにかかわる文脈で書かれたフレーズであるが、これはどこの世界でもあるのだろう。私自身は特に出世したいとは思っていなかった。それよりも結果を出すことでだれも文句を言えなくなるため、自由に働けるようになる。そうした状況を欲していただけで、支店長になりたいとか役員になりたいという感覚はいつからかなくなっていた。正しいことをやり続けたいという欲求のほうが強くなっていたことも要因の一つだろう。こうした心境になれば人は力強い仕事ができるようになると感じている。

さまざまな陰口を浴び続けながら、ほとんどが仕方ないと思っていたが、残念なものがなかにはあった。

「業績を上げるとリスクが上がる」
「ルールを守るほうが業績を上げるより出世しやすい」
「問題を起こさないことが一番の仕事」
「支店長の言うことを聞かないと飛ばされるだけで損しかない」

などである。

こうした発言をする方々は、飲み会の席だと熱く語り出す。

「うちの会社はもっとこうしたほうが良い！」

「あいつは良い！　でもこの辺が課題だ！」

「お客様に対して何をすべきかが大事だ！」

など、よくよく聞いてみると真っ当な意見もある。でも、いざ仕事の現場に出るとリスクヘッジが仕事になる。このギャップは何なのだろうかと考えさせられた。

先述のとおり、当時は金融検査マニュアルや社内規定が大きな存在感をもっていたため、少しのルール違反に対して厳しい罰則が下される。「ルールを守る人材」が高い評価を得られるようになる。そのような環境下では、正しいことは何かわかっていても動いたらルールを犯すリスクが生まれるため行動には起こせず、口だけの評論家や審査員が生まれてしまう。私自身も管理職になり何回か罰則を受けた。部下が融資申込書を面前自署で受け取っていなかった、契約書の代筆をしていたなどケースはいくつかあるが、金融機関はお金を扱う業態であるため、コンプライアンスも他業界に比べて厳しい水準が求められることは理解できた（理解できないものもあったが）。だが、多くのがんじがらめのルールと強い罰則により人は身動きがとれなくなる。良かれと思って動いたことでも、少しでもルールと相違していると激しいバッシングを受けて、まるで刑事罪を犯したかのように悪人扱いを受ける。こんな環境ではたしかに何もするべきではないという思考に陥る。ルールのなかでやれることだけやろうと考えられる人材はまだ良いほうである。ルール以前に正しいことをやろうと言える人材が育たない環境になっている。そして、評論家や審査員が多く生まれる。他業界からの人材の流入も少ないため、外の環境にも触れることがないことから、社内ルールがいつしか当たり前になり世の中とは乖離した思考や状況が継続していく。もっぱら興味があるのは社内人事とルールを破ったのはだれかという噂話である。

バンカーたちは、もともと優秀な人材として世の中から一目置かれてきた人が多いと感じる。私の同期たちも高学歴で、ハートの熱い人材が多かった。横浜信用金庫でいうと新卒採用には毎年1万人以上の応募があり、そのなかから競争を勝ち抜いた80名くらいの若者たちが毎年入社している。競争を勝ち抜いてきたバンカーたちは非常に有能である。良いものを生み出す資源や個々の能力は間違いなく存在している。それが十分に発揮できない環境にあることが問題なのである。その文化を変えることができれば必ず良い結果が待っているはずだ。文化を変えることは大変な作業にはなる。しかし、取り組まなければせっかくの有能な人材が埋もれてしまい、社会全体にとって非常にもったいないことをしている。バンカーたちにも当然責任がある。組織の壁を破ってぜひとも突き抜けてほしい。正しいことを行うことは、毎日を楽しく、有意義なものにするきっかけになるはずだ。

第2章

地域金融機関の営業現場の実態

表彰制度への執着心

バンカーが社内でアピールする場の一つが「表彰制度」である。ルールを犯さないことも大きなアピールとはなるが、「ルールを守る＋表彰を受ける」ことが昇進のポイントになると考えられている。ルールを守ることは当然として、加えてどれだけの表彰を受けるかがモチベーションになっている。

まず店舗表彰というものがある。これは店舗をいくつかのパターンに分けてそのなかで成績を競い合う。競い合う相手は競合他社ではなく、自社の他店舗となる。この店舗表彰は、支店長や次長などの役席者のなかでは、死活問題ととらえられていることが多い。ここで結果を出せば次は部長、あわよくば役員というものが目の前まで来ている。異常と思えるほど店舗表彰制度にこだわるバンカーも少なくない。

これは横浜信用金庫だけの話ではなく多くの金融機関にお伺いしたなかでのものであるが、表彰制度の中身はというと、大半がプロダクトアウトの項目である。「預貸増加額」「投資信託獲得額」「保証協会保証付融資増加額」や「損害保険1件につき1ポイント」「給与振込指定1件につき5ポイント」等々、本部から商品ラインアップが示され、それらを何件販売するか、目標値が割り振られる。本部は顧客本位で商品を取り揃えているが、結果として営業現場は「売るもの」として解釈する。「今週は投資信託を販売するキャンペーン」などと銘打って、週ごとに集中する項目を決定し、そのとおりにプロダクトアウトを行う。ひどい状況になると、成績稼ぎのためにお客様をコントロールする。たとえば、お客様が金融機関主催のセミナーに参加するとポイントが加点される時期があった。そうすると営業店は取引先にセミナーに参加するように依頼する。最後まで聞かなくてよいからとりあえずセミナー会場に行って出席確認だけしてほしいと頼むのである。

そのほかにも、期末が近づくとビジネスマッチングの目標が多くなる。ビジネスマッチングのための面談を実施すればポイントが加算される仕組みであったが、営業担当の取引先同士でマッチングを偽装して、面談をしていないにもかかわらず面談完了報告書に印鑑をいただきポイントだけ加算される。そのほか、何も生産性がないことにもかかわらず、加点のために一生懸命行動する。機会損失や生産性悪化を考えれば経済活動的には大きなマイナスである。なぜやるかというと、バンカー自身の名誉のためであり、そこに取引先を巻き込んでいるのが実態である。「今週はカードローンキャンペーン」と勝手に命名してカードローン契約の獲得に躍起になったとしても、今週カードローンを求めている人たちがいったいどれだけいるのだろうか。「お客様からのありがとうの数」はカウントされずに「何を売ったか」だけが評価されている。多くのバンカーに話を聞いてみたところ、「取引先の事業を把握する」といった感覚は乏しいが、「取引先が何を買ってくれるか」という感覚は鋭い。あの人なら1000万円くらいの投資信託を契約してくれる。あの会社なら1億円くらい借りてもらえる、といった情報はいくらでも出てくる。しかし、その会社がどんな事業を営んでいてどんな経営課題があって、どんなことを求めているのかを聞くと「建設業です」など業種の大分類でしか答えられない。経営課題やその企業のあるべき将来像、あるべき姿の共有はまったくできていない。

この要因は表彰制度によるところが非常に大きいと思う。本来であれば、担当する取引先の課題をヒアリングして将来像を共有し、目指すべき将来に向かってともに歩んでいく。その過程に金融機関のもつソリューションを提供するべきである。その関係性をすべての取引先と築くことが本来の業務ではないだろうか。しかし、表彰制度の項目を埋めていくことが優先されるために「物売り」に走ってしまう。しっかりと取引先と会話をして経営のお手伝いをすることが求められているにもかかわらず、逆に足を引っ張っているといえる。

本来は、経営のお手伝いをする姿勢を継続すれば自然と業績は上がる。私は「この商品をあの企業に売ろう」と考えたことはない。「あの企業の課題を考えるとこのサービスを利用したほうがよいから案内しよう」という感覚でとらえていた。ポイントはあくまで取引先にとって有益かどうかである。ボランティアではなくビジネスなので、取引先だけが有益では成り立たなくなることはわかっている。しかし、現状の金融機関の現場では「金融機関にとって有益かどうか」という行動が結果として横行している。この仕組みは金融業界だから成立するものである。金融機関は資金の出し手であり、金融機関からの融資がストップしてしまっては事業が成り立たないと考える企業は少なくない。金融機関を敵に回してはいけないという意識が強いのだろう。金融機関にとっては、優越的地位の濫用が発生している。当然、「融資しているのだから預金額を増やしてくれますよね?」などとストレートに言うバンカーはいないだろう。セールスという体裁をとり、「いま定期預金のキャンペーン中なのでいかがですか?」と伝える。取引先の多くは、「融資を受けているから協力しないと」と考えるのではないだろうか。金融機関からの融資がなければ事業の継続がむずかしい企業であれば、頼まれたことに対して断れないという心理が働くだろう。

さらに違和感を覚えるのは「営業店の「やらなくてはいけないこと」が増えた」と嘆くバンカーが多いことである。対法人で考えると、たしかにITが進化して企業の抱える課題や事業内容は多岐にわたっている。情報化社会も死語のように当たり前になっており、さまざまなところで情報は得られる。そのような社会、企業に対して金融機関の「やらなくてはいけないこと」が増えているのは事実であろう。しかし、彼らが言っていることは右記の「やらなくてはいけないこと」ではない。通常の預金・貸金の増加だけではなく、保険業務や投資信託などの預り資産獲得活動や、非金利業務であるマッチングフィー獲得活動など金融機関の収益をあげることが「やらなくてはいけないこと」である。主語が「金融機関」なのである。

以前、ある大手広告会社の方々と一緒に仕事をする機会があった。イベントを開催するにあたりその広告会社に依頼をしたのだが、少ない予算でかなり厳しいものになっていた。それにもかかわらず彼らは予算以上のものを提供してくれた。多くの時間を割き、多くの斬新なアイデアを提供してくれてイベントは大成功となった。イベントの終了後、個人的な興味から、その会社の評価体制に関して聞いたことがある。

「もちろん、個人の売上目標はありますよ。でもそれ以上にお客様にどれだけ喜んでもらえたか、どれだけ社会に貢献できたか、インパクトを与えたかを評価してもらえる。だからやりがいがあります。お客様に喜んでもらえて世の中にインパクトを与えればおのずと売上げはついてきますから」

そのような回答が返ってきた。

その時のイベントも実質人件費を含めれば赤字だったに違いない。ただ、われわれは大変満足感を得られた。そして彼らにいつか必ず恩返しがしたいと思っているし、何か別の案件があれば彼らに依頼するだろう。

その広告会社では10名以上の方々とお会いしたが、全員が真剣に何が正しいか、何をすべきかを考えてくれた。お金で人の心は動かない、お金以外のところで人の心は動かされる。お金を扱う金融機関だからこそ、そうした評価制度を構築しなくてはならない。

残念ながら現状においては、店舗表彰制度や個人表彰制度に組み込まれている項目が基準となってバンカーたちは行動する。本部から提示された項目が自分たちのやるべきことになってしまう。提示項目以外には手をつけなくなり、ノルマから外れたことをやろうとすると上席から「余計なことはするな！」と非難を受ける場合もある。この文化を変えることから始めなくてはいけない。

実は、金融機関の内部では表彰制度を廃止したほうがよいという声が多々あがっている。他業界にあるように売上目標に絞ることや収益目標にするなどいろいろな議論が行われている。しかし、「収益至上主義」になってはいけないというお達しのもと、最終的にはほぼ変わらない制度設計で現場にノルマが落とされる。「収益」を目標値にすることがはたして収益至上主義になるのだろうか。収益をあげるには相応のプロセスが必要となる。そのプロセスが間違っていれば収益をあげることはできない。プロダクトアウトによる収益増加は即刻取引先が離れていってしまう。いろいろな項目をノルマ化するから、プロダクトアウトが横行するのだと思う。目標を収益に絞れば、現場は正しいアプローチのもと、お客様の役に立つことを優先するはずだ。仮に取引先の社長や営業マンたちが自分たちと同じことをしていたらその企業に融資するだろうか？　架空の業績をつくりあげたり、取引先にお願いして売上げを確保することに没頭していたりしたら、はたして金融機関サイドとしてどう評価するのだろうか。一部の金融機関では、表彰制度を撤廃して新しい文化づくりに着手しているという。なかなかうまくいかないという声も聞くが、今日明日でうまくいくものではない。強いリーダーシップのもと、正しいことを進めていこうという組織としてのパワーを要するものであろう。早くから着手していれば早い段階でノウハウを得て、結果を出すことができる。いまの時代は、いかに最先端でいられるかが勝負の分かれ目になる。早く悪しき文化から脱却するために、プロダクトアウトを排除するような仕組みづくりに着手しなくてはならない。

懐に飛び込め！　パワーセールスの実態と激しい離職

私は、2015年7月に横浜西口支店から業務推進部へ異動した。担当ブロックエリアをもち営業課長や営業担当の指導を行う業務が主であった。そこで初めて周りの営業店がどういう活動をしていたかを目の当たりにする。それまでも耳にすることは多々あったが、自分自身の目でみるまでは疑心暗鬼だった。パワーセールスを強要する上司にも当たったことはあったがごく一部という認識でいたのだ。実際に営業店へ出向いてみると、上司から出ている指示は「お客様の懐に飛び込んでお願いしてこい！」「まずはお客様と仲良くなるのだ」という内容だった。コンサルティング営業を実践したことがない上席には具体的な指示が出せない。まずは仲良くなって仕事をもらう、商品を案内して買ってもらう。これが当たり前になっていた。

営業担当は主に入社2年目～10年目くらいの若手が多い。彼らは「地域活性化を図りたい」「地域企業のお役に立ちたい」という強い希望をもって入社している。ところが上席からは「あの先にクレジットカードを売ってこい！」と指示が出る。当然ながら若者たちはモチベーションが上がらない。なぜこんなことをしなくてはならないのか？と疑問をもちながら活動をするため成果もあがらない。上司に厳しく叱責されることをおそれて嫌々ながらも取引先にお願いするようになり、強い罪悪感を感じながら日々を過ごす。上席はそんな彼らをみて「最近の若者はダメだ」「最近の若者はパワーがない」といったレッテルを貼る。しかし、正しいことは何かを理解しているのは若い世代のほうである。その一方で上席たちは昔ながらの営業スタイルを強いていくため、このギャップがなかなか埋まらない。ギャップが埋まらないどころか、どんどん上席と若手の感覚は離れていくこととなり、最終的には権力濫用が行われる。横浜信用金庫に限らず私が聞いただけでも、応接室への監禁、契約を獲得するまで帰店するなという命令、配置換え、土日出勤をさせてチラシ配りの強要、飲み会への参加強制や嫌がらせ等々、耳を疑うことがいまだに多発している。以前に比べればだいぶ改善されているようだが、金融機関における支店長という立場は非常に影響力が大きい。本部があるとはいえ、1企業の社長に近い立場にいる。私は経験したことはないが、バブル全盛の頃の支店長は絶対的な存在だったようである。支店長には神様のような感覚で接することが当たり前で、すべてにおいて絶対に従わなくてはならない象徴的な存在だったと先輩から聞いたことがある。現代においては、そんなことは通用するはずもなく、働き方やリーダーシップのかたちも変わりお互いを尊重し合うことが重要視される時代になっている。しかし、どの組織体にもある事象かもしれないが、まだ昔の感覚が抜けていない支店長や上司も多い。たとえば、宴席で「あいつが酒を注ぎにこなかった」と文句を言い、本人に向かって罵倒する支店長もいると聞く。さらに「だれも酒を注ぎにこないから帰る」と言って部下たちを困らせることもある。人事権を握ろうものならば、自分が気に入っていた女性職員と社内結婚した男性職員を異動させることなどもする。こんなことが横行してしまえば部下は上司に必要以上に気を使いながら仕事をしなくてはならない。ゴマすり人間が多く出てくる職場になる。

結果的に、意識ある若者たちは入社当時の熱い想いを体現することなく「こんなはずじゃなかった」と考えて金融機関を離れていく。その後、「そんな金融機関を変えたい」「見返してやりたい！」と言ってＦｉｎＴｅｃｈ企業へ転職して、金融機関の収益を奪おうとするものもいる。私が現在所属するココペリにも、多くの金融機関出身者が採用面接に訪れている。転職のほとんどの理由が、右記のような状況に嫌気がさしたことによるものである。ココペリは金融機関と競合ではなく協業という立場をとっているため収益を奪うことはない。しかし、GAFAをはじめとして金融機関の競合になりうる企業も多く存在する時代になっている。そういう企業へ転職する優秀な若手は多いだろう。もちろんその原因をつくったのは金融機関だ。金融機関は自ら敵を生み出しているのである。

事業性評価って？

金融機関の現場では「事業性評価」という言葉が定着してきた。2015年に、森信親氏が金融庁長官に就任し、決算書偏重だった金融機関の審査体制から取引先の事業をしっかりと把握したうえで融資を行うという流れになった。金融機関内では「事業性評価シート」というものが制定され、融資審査書類に添付するようになった。私は、当時は横浜信用金庫の業務推進部で約15店舗を担当していた立場だったので、さまざまな営業店の状況が把握できた。営業店の実態は私の思っていたものと違っていた。事業性評価シートが埋められないのである。記載する項目はそんなにむずかしいものではない。SWOT分析や商流などが中心である。シートはA3用紙1枚で、個人的には書き足りないのではないかと思っていたが、実態は真逆だった。事業性評価ができないバンカーが非常に多かったのである。取引先が何をしているかは把握しているが、「事業のポイントになることが何か？」「取引先が事業を継続できている強みは何か？」「競合や弱みは何か？」となると答えられなくなる。いままでの融資審査は過去の決算書をみて、フリーキャッシュフロー（FCF）と返済額のバランスや資金調達余力がわかれば融資可否が判断できた。乱暴な言い方をすれば、基本的には過去の決算がそのまま推移すればという仮定に基づいたものであった。そのため数字の計算ができればある程度判断ができた。FCFが不足している場合は増加する要因を見つけてきて審査を通過できるように努力する。バンカーの出番はここであった。その要因は事業を深く知って得た解でなく、企業側からヒアリングしてきたものである。

前述した営業体制などに鑑みると、たしかに事業性評価を行い、企業に寄り添っていく体制は構築できていなかった。そのなかで急に「事業性評価」と言われても現場は混乱してしまう。「事業性評価とは？」という議論が繰り返され、事業性評価講座のようなものが開催された。しかも支店長クラスが対象になるものも多くあった。いままで何をしてきたのかと思う一方で、この頃を境に金融機関が変わり始めていた。バンカーが企業の実態をより深く見つめようとし始めた時期である。しかし、文化は簡単には変わるものではなく、いまだにパワーセールスを強要する支店長は存在していた。まだまだ主語が「金融機関」である。

何が正しいのか？　どこをみて仕事をしているのか？

金融検査マニュアルや社内規定を守ることが仕事となり、与えられたノルマに対して、手段を問わずにクリアする。正しいことは何か心の底ではわかっているけれども、会社がそう言っているからと言い訳する。本当は違うと思っているけれども、影で文句を言うだけで行動に起こせない（起こさない）。飲み会での話題はもっぱら社内人事の話が主役となり、人がミスした話題や噂話は急速に社内全体に拡散される。金融機関として何が正しいかということは忘れ去られている。影で文句を言っているくらいならまだマシかもしれない。与えられたノルマをこなすことが本望であり、自社のためになると考えて平気で取引先を食い物にする人間も少なからずいる。2019年に話題になったかんぽ生命の不正販売問題は象徴的な事例かもしれない。ノルマをクリアすることが正しいことになってしまっている。法人顧客に対してであれば取引先の事業価値向上のお手伝いをして地域を活性化すること、それがバンカーの使命なのである。金融機関にはそれを果たす使命があるし、その能力が本来は備わっている。地域経済を担っているのだから当然である。地域を活性化するお手伝いをして地域GDPを向上させる。たとえば金融機関が中心となり観光誘致などを積極的に行うなど、いろいろなことが実現できる立場にある。

全国の地域金融機関のなかでも参考になる良い事例はたくさんある。たとえば岐阜県の高山信用金庫は、高山市とタッグを組み、「空き家プロジェクト」と題して高山市内の空き家活性化アイデアを募集している。北海道の道東をエリアとする大地みらい信用金庫は、地域の過疎化を阻止するために行政と組んでさまざまな取組みを行っている。地域に工場を構える大手企業の工場移転流出を阻止するために行政とともに交渉に出向き、最終的には地域の雇用を守るなど細部にわたる動きもみせている。

全国の各地域には数多くの中小企業が存在している。その中小企業の経営をお手伝いする中心は地域金融機関である。全国の中小企業の生産性が10％向上すると、24兆円の経済効果があるという試算が中小企業庁から出されている。日本生産性本部が発表している統計によると、2018年における日本の労働生産性（就業1時間当りに生み出される付加価値）はOECD加盟の36カ国のうち、21位である。1位のルクセンブルクとは約2倍以上の差がつけられている。世界第1位の経済大国アメリカとの差も約1・5倍である。国内の中小企業に目を向けてみると、大手企業に比べて労働生産性は約半分である。規模の経済も働いてはいるが要因の一つとしてIT化の遅れが指摘されている。なぜかと考えたときに、金融機関が本来果たすべき役割を果たしていないことがあげられる。経営者は本来孤独であり多忙である。なかなかIT化まで手が回らない。顧問税理士や取引先金融機関を頼りにしたいところだが、その頼りにしたい金融機関のI

T化がそもそも遅れている。そして商品を売りにくるだけで経営課題の共有などはできない。金融機関の罪は重い。

昨今、地域金融機関の経営状況が不安視されている。ビジネスモデルとして限界に来ているような記事も目にする。本当に限界なのであろうか？　お客様にしっかりと目を向けて、ノルマ漬けの制度を改正し、事業価値向上のお手伝いを評価できる仕組みにしたらどうなるだろうか。金融機関本部も怖がらずに舵を切る時である。繰り返しになるが、「地域を活性化すること」がバンカーの使命である。

バンカーに対して、「あなたはどこをみて仕事していますか？」と聞けば、「お客様のため」「地域のため」と答えるかもしれない。しかし実際は、「自分の出世のため」「上司の顔色」「本部の顔色」であろう。実際にみている先は取引先や地域ではない。バンカーが変わらなければ地域は変わらないということを再認識してほしい。

第3章

新たなビジネスモデルができるまでの軌跡

営業モデルの変革

２０１６年上期が終わる頃、会議である提案をした。「営業体制の改革」である。もともと横浜信用金庫ではエリア担当制を敷いていた。営業担当者に担当エリアを割り振り、取引先の属性は関係なく、エリア内に存在する取引先をすべて担当するという方法である。昔に比べて金融機関が取り扱える商品が増えているなかで、法人から個人まですべて担当することはむずかしい状況になっているといわれていた。そこで、横浜信用金庫では、法人担当と個人担当を切り分けるべきだと２０１５年度の事業計画で謳っていたが、２０１５年7月に大幅な役員改選もあり計画は進んでいなかった。

当時、私は業務推進部に配属されてから1年3カ月ほど経過した頃だった。15店舗の営業状況をみてきて、なかなか理想像には届いていない現状からも、専門性を高めてより深く取引先と結びつくべきだという考えに至っていた。取引先の要望や嗜好は多種多様になっており、情報社会の進化に金融機関のほうが追いついていないと感じることも多々あった。社会情勢や株価動向、業界情報などすべてにおいて、金融機関側が取引先から教えてもらうことのほうが多いように感じていた。特に、業務推進部でいろいろな営業店の営業マンたちと同行訪問を重ねるにつれてそう感じることが多く、金融機関の出番は借入方法の組替えをアドバイスして、月額の返済額負担を軽減させることくらいしかなかった。ちょうどネット銀行の代表格である住信ＳＢＩネット銀行が預金残高３兆６０００億円、住宅ローン残高２兆５０００億円を達成していた頃で、横浜信用金庫の２倍以上の残高を積み上げていた。このようなネット銀行に対抗するには、Ｆａｃｅ ｔｏ Ｆａｃｅを存分に活かしたうえで、専門性をもった営業マンが育つ環境にしないといけないと考えていた。どのような答えが出るかはわからないが、まずは改革に着手してみようと思った。

１人での限界値

営業体制改革へ手をあげた理由はほかにもある。当時のポジションであった業務推進部営業推進サポートという役割は、十分に機能しているといえる状態ではなかった。私が着任した当時のメンバーは８名いたが、全店を４ブロックに分けて、１ブロック２名で担当する。月２回本部に集まり意味のない会議を終日行い、その２日以外は営業店へ出向いて営業課の指導などにあたる。月２回の会議では営業推進サポートチームとして営業店の「指導」をメインとするのか、

「業績向上」をメインとするのかが議論され、その他にもいろいろな決め事も存在していた。

「ブロック担当2名は同じ店舗へ行かなくてはならない」

「1店舗当り3カ月間常駐する」

「初めて営業担当に任命された職員と同行訪問を行う」

など多くのルールが存在していた。まずルールを決めたがるのである。ルールがないと動けない体質がここにも典型的に存在していた。そもそも同じ営業店へなぜ2名で行く必要があるのか？ 1店舗当り3カ月とすると15店舗全部周り切るには45カ月、つまり4年弱の期間が必要になる。初めて営業担当になった職員に対して、15歳以上歳が離れた私が同行訪問で指導すべきなのか？ 1つ上の先輩が面倒をみることでお互いの相乗効果が出るのではないだろうか？ さまざまな疑問がすぐに浮かんだ。もちろん進言するが、そうすると回答は「ルールで決められているから」となる。本人は、そのルールにもしかしたら疑問を感じているのかもしれないが、ルールで決められている以上守るべきものになってしまう。このままでは意味がないし機能していないことは明らかであると業務推進部内で言ったところ、当時のメンバーから「このポジションはいままでのご褒美で休憩みたいなものだから、これで良いんだよ」と言われてしまった。そこから私は考え方を変え、まずは1人でやってみようと考えた。

最初に着手したのは1店舗2名&3カ月間常駐制度の変更である。業務推進部で最初に担当した店舗は反町支店という店舗で、店舗の規模はその前にいた横浜西口支店の４分の１くらいであった。着任１日目にすべての取引先のファイルをみて、２日目から営業担当と同行訪問を行った。長い期間プロダクトアウトを行っていた地域であるから、事業課題を聞き取りしかるべき提案をするだけで、取引先からは重宝してもらえた。結果として最初の１カ月間で20億円前後の追加融資が期待できる状況となった。反町支店の規模からすると、インパクトは大きかったはずである。当時の営業課員は急に忙しくなり戸惑いもあったようだが、それまでと違った姿勢で勤務してくれているようにみえて、私としても嬉しく思った。

次に、一気に15店舗すべてを担当しようと考えた。基幹店舗を決めて、そこから各営業店へ移動しながら複数店舗を同時に担当して、営業サポートを行うほうが効率的であると考えたのである。それを当時の担当部長に上申したところ、「輪が乱れるためダメだ」という答えが返ってきた。しかし、なぜ必要かという部分を何度も説明し、当時の直属の上司であるブロック長の協力も得て、最終的には試行というかたちで特別に許可を得た。２０１５年８月～２０１６年９月まで、横浜市鶴見区にある市場支店を基幹店として、エリアにあるすべての店舗を回った。

次に、「成果と成長」を追い求めた。営業推進サポートチームでは「指導」か「業績向上」かが議論になっていたが、世の中の20代の社会人には、成長を遂げて成果を多く出せている方々はたくさんいる。当然、本人の意欲や潜在能力にも依存する部分ではあるが、横浜信用金庫の社員も、1万人の競争を勝ち抜いてきた人材である。他社や他業態で活躍している方々と同様のことができるはずであり、成果と成長の両方を得られるに違いないと考えていた。

前述のパワーセールスとは違い、ここでいう「成果と成長」に大事なことは、取引先の事業を把握して将来像を共有することである。いままでそうした感覚をもっていなかった営業マンは吸収が早かった。それまでは、「すいません、キャンペーンなので協力してもらえませんか？」と来るたびに言っていた営業マンが、急に取引先の事業の話を聞いてくる。そうすると、いろいろと話が弾むようになる。そして営業担当者は仕事が楽しくなる。後は取引先の目指す将来像に向けて何をすべきかを提案する。提案は営業担当が1人で考える必要はなく、上席を巻き込んで考えればよいのである。そして提案を取引先に受け入れていただければ、取引はさらに深くなる。このサイクルを続けると自然と業績は上がっていく。「成果」と「成長」を切り分けて考えることは不可能なのである。成長すれば成果は上がるようになり、成果は成長の糧になる。ルールを決めたがる金融機関の現場は、PDCAサイクルを回す際も、まず1つのことに対してPDCAを回そうとする。しかし、一気にできる限りの方法を同時に試してみてPDCAを回すことで、機会損失が減り生産性が向上するのである。「成果と成長」も同様であり、一気に同時に行おうとすれば生産性は高くなりスピード感をもって具現化できるようになる。

ある不動産仲介および賃貸業を営んでいる企業へ部下が新規訪問へ行った時のことである。

「取引をお願いします」しか言えなかった彼は、一生懸命に経営課題をヒアリングしてきた。当時不動産業界は好況で売上げに特段困ってはおらず、賃貸業における不動産購入も順調であった。しかし、訪問先の企業は将来不動産不況になった際の備えができておらず、また期間が短い借入れが多いために資金繰りが忙しい点が課題であるとヒアリングしてきたのであった。部下がヒアリングした情報をもとに、さらに課題の掘り下げを目的としてあらためて訪問を行った。その際に、将来的には株式上場をしたいという考えも聞くことができた。それでは最初の一歩として、株式上場を将来像として共有し、一緒に取り組んでいきましょうということになった。すぐに取引は始まり、課題に向けた整理を行ったところ、やはり借入れの期間が短いため資金ショートの可能性が常に存在していることが問題だと思えた。営業を主力で行っていた経営者が資金繰りの補てん対応に時間を費やすこともあり、経営リソースの無駄が発生しているような状況であった。さらに、将来に向けて資金繰りに余力がないため、不動産不況になった途端に資金繰りが破綻する懸念があった。この課題をクリアすれば、経営者が営業活動と経営に集中できるようになり負担が軽減できる。そのうえで、借入全額を横浜信用金庫で借換えする提案を行った。細かい部分には言及しないが、所有物件の資産価値を再度洗い出して含み益がどれくらいあるかを可視化した。そのうえで担保に入っていた物件をいくつか外して余力を設けるようにした。そして資金繰りの体質を正常化するため、毎月返済額負担を軽減できるように組替えを提案した。代表者には幅広い物件仕入ルートがあり、立地や価格帯を含めて非常に好条件の不動産をすでに所有しており、将来を見据えても需要が衰えないと思える物件が多かった。そのため、借入期間を長期化したとしても需要減になることは考えにくく、金融機関としては多少無理をしたとしても支援すべきだと考えた。この企業が目標どおり上場すれば雇用を生むことになるし、そもそも地域企業が上場したとしたら周辺の事業者は好影響を受ける。すなわち地域が元気になる。そのためにより良い提案をしたいと考えていた。

われわれが行った提案は、経営者の業務負担を減らすことが事業全体に好影響をもたらし、さらに不動産不況が訪れても物件余力をもつことで強固な経営体質に変えられるというものである。将来像を共有したうえでいま何をすべきかを提案しており、すんなりと受け入れてもらえると考えた。代表者は素晴らしい内容だと感じてくださったようだったが、既存のメイン行に対して負い目があるという理由でなかなか行動には至らなかった。話を聞いてわかったのだが、経営者はメイン行出身者であったのである。自らの古巣を裏切るわけにいかないという思いが強かった。しっかりとした将来像をもち、いま何をすべきか明らかであるにもかかわらず、経営判断が下せない状況になっていた。私には経営者の気持ちはよく理解できた。金融機関を変えるということは、経営者としてはかなりの勇気が必要だろう。しかも今回は数十億円規模の話であった。そこで私は経営者に説いた。

「金融機関との関係性を大事にすることはわかります。ただ、それは古巣だからですか？　あなたは多くの従業員とその家族を養わなくてはいけない責任がある。私にはそれをお手伝いする義務がある。だから提案をさせていただいた。さらに言えば、地域のためにも存続していかなくてはならない企業であると思っている。やらなくてはいけないことは明らかなのだから行動すべきではないでしょうか？　それができないのであれば従業員に顔向けできないはずだ。古巣の銀行が気になるなら、まずは銀行に同じような提案ができるか相談してもらってかまわない。いまのメイン行で対応してもらえるならばそれがいちばんハッピーかもしれない」。

少し声を荒らげてしまった記憶がある。それほど真剣に訴えた。数日後、経営者から電話がかかって来た。「先日の提案どおりに進めてほしい」という回答だった。「古巣に相談しなくてよいのか？」と聞いたところ、「提案してくれた金融機関と取り組むべきだと結論を出した。将来を考えればそれが企業存続にとって最良の策だと考えている」と言われた。それからは部下を中心に稟議を申請し、融資実行まで1カ月程度で行った。最後にはメイン行から抵抗はあったものの経営者がすべて断った。正直、それまで成果をあげられていなかった部下が、課題ヒアリングを意識してまずは実践したところからスタートした案件である。部下も未体験のことばかりで最初は戸惑っていたが、融資実行をする頃には何だか逞しくなっていた。

こんなやり方を中心に「成果と成長」を追い求めて1年あまり奔走した。結果として融資実行額という指針でいえば、半期で120億円ほどの成果をあげた。多くの営業担当と一緒に1店舗ではなく面で推進しようとした結果であると考え、私は満足していた。しかし、現実は甘くなかった。横浜信用金庫全体の計画値に対しては実績値が未達だったのである。この時に、組織全体で動かなくてはむずかしく、1人ではなしえないことがあると実感した。1人の限界値は存在する。こうした経験をふまえて営業体制改革に手をあげたのであった。

武器がない

営業体制を変革するにあたり、調査の観点からもう一度多くの営業担当に話を聞いてみようとさまざまな営業店へ出向き、特に若手営業担当の声を聞いてみた。調査をして感じたことは何よりも武器がないことだった。上席から「懐に飛び込め！」と指導を受けているため、特別なスキルは身につかず丸裸で取引先と接しているようなものだった。多くの声を聞いているなかでわかってきたことがいくつかある。「意味のないことにはモチベーションが上がらない」「ロジカルな思考力をもっている」「電話を嫌う」「ビジネストーク以外を好まない」などの特徴である。上席たちは「最近の若者は！」と愚痴をこぼすことが多いが、最近の若者のほうがよほど優秀だと感じた。何をもって優秀かというと定義次第にはなるが、取引先に対して何をすべきか、という視点で考えた場合、若者たちの感覚やスキルのほうが上席たちよりも向いているように映った。何より、取引先に対してメリットがないことはやりたがらない。そして大半の行動に対して「なぜやるのか？」という理由付けが必要になる。行動に移すためには理屈が必要なのである。

一方で、上席たちは取引先にメリットがないことでも自分たちにメリットがあればうまく会話をして成約にもっていく。さまざまな行動に関して理屈ではなく会社の指示で動く。この違いは大変興味深かった。上席の行っていることは目先の業績を考えれば有効なのかもしれない。若者たちの行動は目先の業績には結びついていないのかもしれない。しかし、どちらを応援したくなるかというと私には後者だった。私は大学生になってようやくＰＨＳを手にした世代である。30代になってからスマートフォンを初めて手にして、ＬＩＮＥを使い始めた。それまでは電話がコミュニケーション手段の主役であり、電話を使うことは慣れている。しかし、22歳の新卒者を例に考えると、ｉＰｈｏｎｅが発売された頃はまだ小学生である。ＬＩＮＥが登録者1億人を超えた時期にちょうど高校生になり、ＦａｃｅｂｏｏｋやＴｗｉｔｔｅｒなどを当たり前のように利用してきた世代である。若手営業担当に電話で取引先に連絡をとれということは、ＳＮＳを使い慣れていない世代に対して、Ｔｗｉｔｔｅｒを使って営業活動をしろと言っているようなものなのかもしれない。私にはＴｗｉｔｔｅｒで１０００人にいますぐ情報を拡散しろと言われてもできない。そのような日々を若手営業担当が過ごしているとしたら申し訳ない気持ちにもなった。

ほかにも調査の過程でいろいろな質問を幅広い世代のバンカーに投げかけた。そのなかで印象的だったものが「正しい営業活動って何だと思いますか?」という問いへの回答である。若手は総じて「取引先のお役に立つこと」と答える。年代が上がってくるにつれて「業績を上げるために貢献すること」という回答が多くなる。長く閉鎖された組織にいると若い頃の考えも変わってくる。「地域のため」「取引先のため」という感覚が「業績」に変わってくる。私はこの問いの時にあえて、業績を連想させやすい「営業活動」という言葉を使った。若手はそれでも取引先のお役に立つと言える。「取引先の事業に貢献する」、個人であれば「お客様の資産を増やす」などの答えは残念ながら1名もいなかったが、若手がほぼ「取引先のため」という感覚をもっていたのが嬉しかった。

調査を通じて、20代~30代前半は非常に優秀な人が多くそろっている世代だと感じた。ただ、武器がないだけなのだ。営業体制改革だけではうまくいかない、武器をつくってあげないと成果は出ないと考えた。この時の調査が後々のＢｉｇ Ａｄｖａｎｃｅ誕生につながる。

当たり前との乖離

「金融機関の常識は世の中の非常識」という言葉がある。金融機関に勤務している方や、金融機関をクライアントとして担当したことがある方は少なからず感じたことがあるのではないだろうか。私自身も若い頃はピンとこなかったが、いつからか明確に感じるようになっていた。まず主語が「金融機関」なのである。金融機関のために動くケースが非常に多い。世の中の当たり前は主語が必ず「ユーザー」である。まずスタートから相違している。当然、企業であるから利益をあげなくては継続できない。その利益のあげ方に問題がある。たとえばGoogleはさまざまな無料サービスを提供している。検索、Gmail、YouTubeなど数多くのサービスを基本的には無料で提供する。「10億人が利用するサービスを生み出す」ことをミッションとしている。そのためには、まずユーザー目線になり、数多くのユーザーに評価されなくてはならない。Googleは、検索機能をユーザーに使ってくださいと直接お願いすることはない。ユーザーにどうすれば使ってもらえるか、使いやすいか、役に立つかを考えてそれを実践している。Googleのようなグローバル企業に限らず、地域企業も同様である。ユーザーにとって良いもの・サービスをつくりあげて評価してもらう。まずはユーザーにとって有用かどうかがスタート地点である。主語は必ず「ユーザー」になっている。

先にも述べたが、日本の労働生産性は他の先進国に比べて低い水準にある。その大きな要因がＩＴ化への対応の遅れである。特に中小企業におけるＩＴ化の遅れは顕著である。本来であれば中小企業をフォローすべき金融機関のＩＴリテラシーが低いことで、中小企業のＩＴ化の遅れを招いている。そのような状況にもかかわらず、金融機関の現場ではインターネット環境が著しく整備されていない。おそらく地域全体のＩＴリテラシーをあげなくてはいけないという使命感がないのだろう。まずはわれわれ自身のＩＴリテラシーを高めることは企業として必須であると考え、営業体制の改革を進めるにあたり、営業店でインターネット環境を備えたＰＣを1人1台用意するように上申した。補足すると、多くの金融機関ではインターネット環境のあるＰＣは営業店に1台もしくは2台程度しかない。金融機関以外の事業者からは驚愕の事実としてよく話題になる。いまどきメールアドレスも営業担当個人単位に割り振られていない企業があるという事実は、多くの企業に驚きを与えている。

金融機関の営業店にインターネット環境が普及していない背景を述べておこう。金融機関は取引先の大切なお金を扱う事業体であることから、インターネット環境においてはかなりのセキュリティ体制を敷いている。いわゆる顧客情報が詰まった勘定系システムはインターネットに接続していない状態で構築されている。通常の業務は、その勘定系システムから情報を引き出して遂行するため、インターネットを介することなく業務が行える状況にある。

つまり、営業活動にインターネット上の情報は必要なく、取引状況と決算情報があれば成立しているということになる。ここにも金融機関の姿勢が表れている。企業の経営者は、インターネット上の情報を活用して経営を行うことはもはや当たり前である。顧客である取引先が当たり前に備えている環境であるにもかかわらず、金融機関の営業店にはインターネット環境が整備されていない。この事実は地域の経済活動上でも多くの支障が出ているはずだ。そして多くの無駄が発生している。金融機関は、業績が悪化している企業に対して無駄を排除するようにと伝えることがある。しかし、決算書や融資資料を預かる際には、メールで送信すれば数分ですむところを、金融機関側に受け取る環境が整備されていないために、経営者は自ら持参するか営業担当者が取りにくるのを待たなければならない。移動時間や面談時間、紙に印刷して準備する労力などははたして「無駄」には該当しないのだろうか。深刻な矛盾が存在している。

そのような状況を改善すべく、インターネット環境を営業店に準備できるように上申した。ところが回答は「NO」であった。「環境を用意しても使いこなせないリスクがある」「情報セキュリティが心配である」「費用対効果が腹落ちしない」などと否定的な意見が多く、実現しなかったのである。このエピソードは、インターネット黎明期の出来事ではなく、2010年代も終わりに差し掛かった、ごく最近に起こったことである。そもそもインターネット環境がない職場であること自体が世の中と乖離していると訴えたがかなわなかった。インターネットの費用対効果という考え方がこの時代にあるのだろうか。使いこなせないリスクとは何なのだろうか。私にはまったく理解できずしばらく怒りを通り越して呆然とした記憶がある。またしても議論の主語は「金融機関」となっていた。自分たちの費用対効果、自分たちが使いこなせないリスク。お客様の利便性という観点は理解されなかった。対面か電話でのコミュニケーション手段しかないことは、お客様にとっては不便を与えてしまっている。それを進言しても「本当にそうなのか？」と否定的に議論が進む。「本当に必要か取引先にヒアリングして調査してみよう」という意見すら出た。残念ながら私にはそれを打破する気力は湧かなかった。取引先にインターネットは必要ですか？と聞くことへのモチベーションが上がらなかったのである。あの場面でもうひと踏ん張りをみせていれば、もしかしたら若手営業担当たちにとってもっと働きやすい環境を実現できていたかもしれない、といまでは後悔している。金融機関における離職率が激しいこのご時世で本当にそれでよいのだろうか。私が就職活動中の学生だとしたら、自由にインターネット上の情報にアクセスできる環境がない会社と知った時点でまず受験しない。入社後、それを知ったとしたらすぐに転職活動を始めるだろう。

金融機関の経営者の方々には、従業員のためにも、地域のためにも、最低限の環境整備ではなく、ＩＴ化を促進していこうというくらいの活動を期待したい。

行動はすべてに勝る

紆余曲折があったものの、営業体制の改革全体は比較的順調に進んでいった。改革を進める一方で、改革後のことも考えなくてはならない。体制改革を行ったとしても効果は限定的であると調査の過程で感じていたからだ。先に述べた「武器をもつこと」「正しい営業を身につけること」「当たり前との乖離を埋めること」、これらを解決しない限り成功しないだろうと考えていた。そのようななかで、まずは武器を身につけるためのあるアイデアが浮かんだ。いまの20代の若手営業担当たちに何が必要かと考えた時に、取引先にとって、横浜信用金庫と取引するメリットを簡単に享受できる体制が必要であると考えたのである。そして大手企業を取引先に紹介できる体制を構築しようと思いついた。大手企業であれば、社会人経験の浅い若手営業担当たちでも存在や大まかな事業内容は知っている。そうした大手企業と横浜信用金庫はつながっているので紹介しますよ、と案内できれば武器になると考えた。いわゆるビジネスマッチングである。

最近でこそいろいろな金融機関でビジネスマッチングが定着してきている。しかし、多くの金融機関で行われているビジネスマッチングは、提携企業と呼ばれる大手企業と金融機関がフィー契約を締結して、取引先と提携企業をマッチングさせて成約に至ったらフィーを金融機関が得るという、「フィー契約」ありきのものが多い。Big Advanceの根幹にもなっているこのビジネスマッチングの考え方は、「営業活動の武器」にしたいというところからスタートしている。営業活動の武器になるということは、取引先にとってメリットがなくてはならない。そのため「フィー契約」とは一線を画している。「取引先のため」と「フィーを得るため」では、入り口も目的も違うのである。「フィーを得るため」のマッチングは、私は長続きしないと考えている（正確にいえば、現在主流となっているフィー主体からは姿を変えたビジネスマッチングに変化すると考えている）。金利収入というストック収入で売上げを得てきた金融機関が、ビジネスマッチングによるショット収入で継続的に売上げを得るということは、いままでの文化にはなじみにくい形態だと思う。ビジネスモデルの変革を求められている背景もあり、チャレンジ自体はとても素晴らしいことだと思っている。しかし実態はフィーありきになり、頼みやすい取引先に次から次へと違うものをどんどん売りに行って、目先の稼ぎに走っていることが多いようにみえる。このようなやり方ではいずれ限界が来る。

大手企業とのビジネスマッチングを思い立ってから、まずは大手企業といわれる企業へ突然のアポ電話を繰り返し、日中は東京都内の大手企業オフィスへ営業を仕掛けに行った。成功する根拠は何もなかったし、周囲からは「あいつは何をしているのか？」「意味があるのか？」「成果は何だ？」「費用対効果はあるのか？」など批判の嵐だった。大手企業を紹介しても中小企業が相手にされるのか？　成約に結びつくことはほとんどないだろう、等々多くの評論をいただいた。

言われれば言われるほど結果で見返したいと思えるタイプだったようで、私の行動にはさらに火がついた。朝は6時に出勤して9時前までは通常業務をこなす。早い日だと9時半に1件目のアポイントを入れて、横浜信用金庫との協業を提案する。われわれは大手企業と取引先がつながる世界観をつくりイノベーションを起こしたい、ぜひ参加してほしいと訴えたのだ。午前中に2件のアポイントをとり、午後は13時～19時くらいまで駆け回った。多い日だと1日6件～7件訪問することができた。だいたいは18時か19時くらいにはオフィスに戻り、通常業務を再開した。遅い日だと21時くらいにオフィスに戻ることもあり、業務推進部のメンバーがだれもいないことはザラにあった。隣のスペースにいる融資部に同期が何人かいて、いつも遅くまで業務をこなしていた彼らがおかえりと言ってくれたことが嬉しかったのを覚えている。終電の時間まで業務を行うとオフィスでの業務時間も8時間くらい確保できるため、通常業務もこなしながら都内の大手企業への営業を行うことは何とか可能だった。

大手企業への営業活動は２０１７年1月から開始したが、翌2月頃には成果が少しずつ表れてきた。これは新しい発見だったが、都内の大手企業は、地域の中小企業の技術や情報を思っていた以上に求めていた。大手企業といえども地域企業の情報収集やアプローチに苦戦していたのである。企業の信用情報も不透明ななかで、地域企業1件1件を調査するためのリソースは割けないという考え方ももっていた。しかし、金融機関が間に入ることによって一定の信頼性がある地域企業に接触できる。お互いの利害関係は意外にも一致し、連携の話はとんとん拍子で進んだ。開始当初はどのように進めてよいかもわからず途方に暮れることもあったが、1カ月も経過するとコツもつかんできて、会えれば何とかなるという感覚になっていた。

成果が出ると当然だが元気も出る。まるで20代の頃に戻ったかのように新鮮な気持ちで営業を行った。そして営業現場でも、営業がしやすくなってきたという声が徐々にあがってきた。武器をもつことで特に若い営業担当が動きやすくなったという声が多く、ねらいどおりの成果があがってきた。嬉しい反応を得られるとよりいっそう元気が出て、朝から晩まで働くことがまったく苦にならず、楽しくて仕方なかった。6時に出社して9時前には都内へ出向き、夜になってオフィスに戻り終電まで仕事をする日々が続いていたが、夢中になって連携先を増やしていった。そして成果も日を追うごとに大きくなっていった。4月頃には営業現場でもだいぶ浸透してきて、「ビジネスマッチングを提案する」という文化が横浜信用金庫内にできあがってきたと感じるようになった。

ビジネスマッチングの提案が軌道に乗ったことは、夢中になって行動を起こせば成果は出る、ということをあらためて実感させてくれた。金融機関にいると必ずゴールを決めて、ゴールに向かうレールまできっちり敷いてから進み出すことが多い。ルールに縛られていた経験や、減点主義の人事評価、間違いや失敗を悪ととらえる文化がそうさせているのかもしれない。失敗できないがゆえにスモールスタートという文化も生まれてしまい、何をやるにも試行が必要になる。私はそれらは間違っていると断言したい。まずは行動が大事である。行動力がなければバンカーの有能さを発揮することができない。「まずはやってみよう」「失敗してもＯＫ」という文化が必要である。私の学生時代の偏差値は、社内では最低ランクである。当時の人事担当者にも「筆記試験の結果は最低だったけど元気が良いので採用した。おまけ採用」と言われたこともあった。しかし、偏差値が高くても行動しなければ何も生み出すことはできない。逆に考えれば、偏差値が高いバンカーがより大きな行動力を身につければなお良いのだろう。私は、ビジネスで特に重要なのは表現力と行動力だと思っている。より良いアウトプットのためには、インプットするものが多ければ多いほどよいのは間違いないだろう。厳しい受験を勝ち抜くために多くのインプットを習慣的に行ってきたであろう高偏差値の人のほうが、より良いアウトプットを行うための基本的な素養を備えていることは容易に想像できる。私は偏差値が高い人間ではなかったので、偏差値が高い方々を羨ましいと思って生きてきた。努力不足といえばそれまでだが、努力しても勝てない部分はあったとも思う。逆立ちしても追いつけない者は追いつけない。こと偏差値に関してはそう感じている。だからこそ、高偏差値がそろっているバンカーたちには、なりふりかまわない行動力を身につけて発揮してほしい。そうすれば私が動くよりもはるかに価値のあるものを生み出せると思う。

楽しかったとは言うものの、朝から晩まで通常業務をこなしながら都内に営業に出かける日々は、体力的には楽ではなかった。もう一度やりたいかと問われれば、正直に言ってもう二度とやりたくない。それくらい動いたし、少しずつ文化が変わっていく実感を得ていたことで動けたのだろう。そして動いたぶんだけ多くのものを得ることができた。

なお、大手企業へアプローチするにあたり、大手といわれる企業に端から接触を試みたわけではない。地域企業の課題を解決してもらえるような企業と連携したいと考えた。そこでテーマをある程度絞り込みながら企業の選定を行った。まず地域企業の課題をあらためて洗い出すために、取引先200社に対してどのような課題を抱えているのかヒアリングを行った。その結果、「販路拡大」「仕入先拡大」「人材不足」「福利厚生」「IT化」「情報収集」といった回答が得られた。そこで「販路拡大」では、SoftBank、サントリー、IHI、凸版印刷、ぐるなび、楽天などへアプローチした。直接的な販路拡大だけではなく、販路拡大支援を行う企業のアリババや電通などにも思い切ってアプローチした。名前をあげた以外にも多くの企業を訪問し、どの企業も想いに賛同していただきすぐに参加してくださった。

「人手不足」ではPERSOLやミイダス、ビズリーチ、リクルート、マイナビなどと連携することができた。ミイダスは現在B.ig Advance上でサイト連携も果たしている。また、ビズリーチとは提携に関する記者会見も開催して、先駆けた金融機関としてのブランディング戦略を実践した。この時の経験や出会いは後々に大きなかたちでつながるものがあった。

「IT化」では、Ｍｉｃｒｏｓｏｆｔ やＧｏｏｇｌｅ、Ｓａｌｅｓｆｏｒｃｅなどへアプローチした。なかなかアポイントをとることがむずかしい企業であったが、いろいろな方の助けを得ながら面談まで漕ぎ着けた。そこには想像を絶する先進的な考え方や働き方があった。Ｂｉｇ Ａｄｖａｎｃｅをスタートするうえで大きなヒントを得たことは間違いない。

「情報収集」ではいろいろなところに散らばっているＷＥＢ情報サイトを整理して提案できるようにと考えてＺＵＵや、ＮｅｗｓＰｉｃｋｓを手掛けるユーザベースなどへアプローチを行った。

右記のとおり、ある程度テーマを絞り込んだが、日々、インターネットでどんな企業があるか探して、気になった企業にはアプローチをするという方法を繰り返した。あくまで取引先にとって有用かどうかという判断軸は変えないことを前提に、徹底的に行動した。結果として、日本を代表する企業からいまをときめくベンチャー企業までありとあらゆる企業を訪問し、その数は1年で400社を超えた。連携を実現した企業数も、訪問開始から1年後の2017年12月時点で275社まで増加した。目に見えるかたちで経験と成果を得られたことは、その後のＢｉｇ Ａｄｖａｎｃｅ構想に大きく活きてくる。一方で、この活動を開始した当時はすべてをアナログ作業で行っていた。営業店や取引先の喜びの声が増えてきていると感じながらも、アナログ管理ゆえの膨大な情報整理という壁に直面していた。

奇跡の出会い

1年間のさまざまな企業訪問のなかで、ターニングポイントとなった出会いがあった。営業を始めてから3カ月が経過した頃のことである。一定の成果が出ているなかで情報整理の煩雑さや情報を平等に届けることのむずかしさを感じていた。そんな状況で出会ったのが、私が現在所属する株式会社ココペリである。

出会いは単なる偶然だった。私がWEBでいつものように連携先を探していたところココペリを発見しただけである。ココペリで展開しているSHARESというサービスに目をつけた。横浜信用金庫の取引先は、大半が税理士とは顧問契約をしているが、社会保険労務士や行政書士、弁理士などとは顧問契約を結んでいるところは少ない。困ったときに、気軽に相談できるような環境整備ができればと思っていた。特に弁護士に対する需要は多く存在しているため、それらを解決できるサービスはないかと探していた。そこで見つけたのがSHARESだった。

ＳＨＡＲＥＳは、２０１３年に開始された企業と士業のマッチングサービスで、企業側は経営課題にあわせて士業相談を行うことができる。利用の手順は、たとえば企業が「外国人就労ビザ」を選択すると、ビザ取得にかかわる見積りが士業から最大10件まで送られてくる。士業側はＳＨＡＲＥＳの有料会員になると、企業のニーズに応じて見積りを制限なく出すことができる。企業側は見積りをとるところまでは無料で、実際に申込みを行う段階になってはじめて、見積りどおりに料金が発生する。特徴はスピードであり、平均30分程度で見積りが届くシステムになっている。通常、外国人就労ビザを取得するとなると、まずだれに相談してよいかわからず、相談する相手を見つけるまでに時間がかかる。そして相談して面談、見積り、申込み、契約、支払まで到達するには、かなりの労力と時間を費やすことになる。ＳＨＡＲＥＳはそうした労力を削減し中小企業の発展に寄与しようとしているサービスである。

いまでこそＳＨＡＲＥＳの魅力は把握しているが、当時は細かいことは理解していなかった。似たようなサービスはたくさんあるけれども、士業のなかに弁護士が含まれているものが他サービスには見当たらなかったこともあり、まずはココペリのホームページに記載されていた電話番号に電話をかけてみた。

電話に出た女性に「横浜信用金庫です、連携の件でお電話しました。ご担当者をお願いします」と伝えると、「横浜、信用金庫さん、ですか?」と歯切れの悪い反応で、怪しまれているように何度も聞き返された。「はい、横浜信用金庫です」と答えるとようやく「少々お待ちくださ い」と言われ男性に変わった。

「横浜信用金庫さんが何の用件ですか？」と聞かれたので、

「御社と連携のご相談がしたくお電話しました」と伝えるも、相手の男性の反応が頗る悪い。

「いきなりお電話されてもよくわかりませんが」とかなり警戒されているようだった。

私は金融機関からの電話に慣れていないのかなと思いつつ、ここで怯んではいけないと、

「SHARESに興味があってお電話しました。一度お会いできませんか？ 弊社の取引先と SHARESは相性が良いと思って。御社にとっても悪い話ではないと思います。一緒に横浜を盛り上げてもらえませんか？」と言い返し、何度かやりとりをしてようやく相手の男性は、「それならお会いしましょう。趣旨は理解しました」と言ってくれた。訪問の日時を決めて、電話を切った。後々判明したことであるが、この時の電話に出た相手が株式会社ココペリ代表取締役CEOの近藤繁だった。そして、なぜ警戒していたのかは電話を切った後にすぐわかった。ホームページに掲載されている会社概要をみると、横浜銀行系VCから出資を受けていて、さらに横浜銀行とAIに関する実証実験を行っていると記載されていたのである。だから警戒されていたのかと、そこで初めて理解した。通常は恥ずかしい気持ちになるのだろうが、バンカーとして鍛えられていたためか、「まあいいか。逆におもしろそうだ」程度に考え、それほど気に留めてい

なかった。これも後から聞いた話であるが、ココペリ社内では「横浜信用金庫が偵察に来る」とざわついていたらしい。

いま思えば、あの時事前に会社概要をチェックしていたら、さすがにココペリへ電話していなかったと思う。偵察していると思われたくはないし、他サービスへ目がいった可能性が高い。さらに、電話したタイミングで近藤繁がオフィスにいなかったら話はつながれずに、二度とココペリへ電話していなかった可能性も高い。実際は違うのだが、当時の私からは他社のサービスもだいたい同じようなものにみえていたため、すぐにココペリのことは忘れて、他社へ電話していたはずだ。そして他社と電話がつながり連携まで至ればココペリに電話をする理由がなくなる。そう思うとここからすでに奇跡は始まっていた。

そしてココペリを訪問する4月7日を迎えた。訪問する前は特別な思いはなく、いつもどおりに都内を回っているなかでの1社にすぎなかった。金曜日ということもあり1週間の疲れがたまっていたため、どちらかと言うと早めに切り上げてオフィスに戻りたいなと思っていたはずだ。ココペリのオフィスに入ると、電話に出た代表取締役CEOの近藤繁と、執行役員の兼子真人が迎えてくれた。おそらく警戒しているのだろうから趣旨を最初に伝えようと思い、「先日は失礼しました。横浜銀行さんと協業されているのでしたね。私はAIに関してはまったく興味がなくSHARESに興味をもっているので、SHARESの話をしましょう」と言った。2人とも最初はかなり警戒しているようだったが、徐々に本領を発揮してきた。彼らと話していると楽しかった。ココペリという会社は、「さらなる中小企業の繁栄」を実現したいという強い想いがあることがわかってきた。金融機関が果たすべきことを彼らも追求しているのだなあと感じたことを覚えている。話のなかでSHARESの仕組みを聞いてみた。どうやってWEB上で見ず知らずの方たちがマッチングするのか、興味があったのである。

説明を受けているうちに、その時自分自身が抱えていた課題とSHARESのサービスを重ね合わせるようになっていた。「アナログで行っている部分がデジタル化するだけで、だいぶ手間が省けるな」「プラットフォームにすることで、だれもが情報を簡単に入手できるのか」「紙の手続はいっさい発生しないのか」「WEBとはいえ相手の顔がみえているので一定の安心感があるな。バンカーがもっていく情報より安心感があるかもしれない」「操作も簡単だから、だれでも利用可能だ」等々、自身が抱えていた課題解決につながるヒントがSHARESにはあふれていた。そして近藤繁が「SHARESで金融機関と協業したいと考えている」と言ったことがきっかけで、一気に話はSHARESから私が直面している課題に移行した。WEBに詳しくない私による拙い説明であったが、近藤繁も兼子真人も真剣に話を聞いてくれた。「SHARESの仕組みを、私が抱えている課題を解決できるサービスに転換できませんか？　プラットフォームをつくりたいのです」と尋ねたところ「できますよ」と即答してくれたのである。この即答する姿勢にも、金融機関で勤務していると味わえない新鮮さを感じた。この人たちと組めばおもしろいことができるかもしれない、いままでなかったものを生み出すことができるかもしれないと思わせてくれた。わずか1時間の面談であったが、金融機関が果たすべき役割や協業することによってどんな世界観をつくれるか等々、ワクワクするような未来の話ができた。帰る頃には、SHARES連携のことは私の頭からは完全になくなって、これから始まるプラットフォームビジネスで頭がいっぱいになっていた。この日「Big Advance」プロジェクトがスタートしたのであった。

後から振り返ってみると、メンバー構成もバランスが良かった。ココペリ代表の近藤が全体を俯瞰してみることに長けていて中小企業への想いも強く、人を引き付ける魅力がある。最初の訪問時には同席しなかったがBig Advanceのシステム面を統括するココペリCOOの森垣昭は、WEBサービス事業での経験が豊富で、ユーザーに好まれるものをつくるという点では非常に力を発揮する。兼子は金融機関に在籍したことはないが、金融機関からの独特の要望を取りまとめてシステム開発者側へ的確に伝える、いわゆる翻訳としての重要な役割を担うことができた。そして金融機関から私が加わり、全員で中小企業への熱い想いを共有しながら、金融機関がやるべきことを的確に、そしてユーザーが使いやすいかたちでWEBサービスを提供できる体制が整ったのである。1人でも欠けていたらBig Advanceは世の中に出てこなかったはずである。こうした意味でもココペリとの出会いは奇跡だった。

楽天との協業で学んだリアルとWEBの融合

ココペリと出会い、プラットフォームをつくるという目的が明確になったことで、自らの課題解決への道筋や取引先への効果的なアプローチ、営業担当のレベルアップなどいろいろなものがみえてきた。その一方で、本当にやるべきなのか？　やれるのか？と悩んでいる自分もいた。Face to Faceという言葉が信用金庫には浸透している。それは取引先にも浸透していると思っていた。そのためWEBを利用するという点に一抹の不安も抱いていた。本当に取引先に満足してもらえるものがつくれるのだろうか。ココペリへの初訪問以降、簡単な見積りやイメージなどは共有していたが、やるべきだと思いながらも最後の一歩を踏み出せていなかった。振り返ってみると取引先への心配よりも、社内で実現することへの不安のほうが大きかったように思う。それまでの仕事はアナログではありながら一定の成果を感じていて、WEBでのプラットフォームビジネスが実現すれば、より大きい効果が期待できると考えていた。しかし、プラットフォームビジネスにたどり着くまでの労力は計り知れないものがある。それを乗り越えても本当にチャレンジすべきなのだろうか。たとえば、他の企業に移籍して似たようなサービスを実現するほうが簡単なのではないだろうか等々、いろいろなことを考え、模索していた。

そんな折に、数カ月前に訪問して懇意になっていた楽天の担当者から、せっかく連携するのだから何かおもしろいことをやろうという意見があがった。当時、楽天はすでに全国40近い金融機関と連携を行っていた。恥ずかしながら、私は楽天が金融機関と連携していることは知らずにアポイントをとり、連携の提案を投げかけた。楽天の担当者いわく、いままでそんなことをしてきた金融機関の人間はいなかったそうで、おもしろい人だと思ってくれたようだ。神奈川県内の金融機関と連携することは初めてであったため、何か目立つことをやろうというのが彼らのねらいだった。楽天の担当は2名いたが、両名とも神奈川在住であったり、神奈川の高校出身であったりして、神奈川との縁があったことも功を奏した。楽天との連携イメージは、横浜信用金庫の取引先へ楽天市場への出店を案内するというものであった。楽天市場に出店することで、取引先はWEBでの販路拡大が実現する。さらに、WEBを使った取引先支援であることに加えて、リアルイベントで、楽天と横浜信用金庫と取引先が三者で手を組んで何かできないかというアイデアに行き着いた。いろいろ調べてみると、大桟橋マルシェというイベントが行われることがわかった。大桟橋マルシェは、横浜港大桟橋で年に数回定期的に行われているイベントで、神奈川産品ゾーン、全国産品ゾーン、大学・高校ゾーンなど、さまざまなカテゴリーに即した店舗が集結して、各自の商品を来場者にアピールするものである。来場者数は推定3万人といわれており、相応の集客力があるイベントであった。横浜信用金庫の取引先のなかで楽天市場に出店を希望されている企業に、大桟橋マルシェにも出店していただき、楽天と横浜信用金庫がコラボレーションして地域を盛り上げようというアイデアに行き着いた。

しかし、アイデアが浮かんでからイベントまで1カ月強しか時間がなく、私は社内をまとめあげられるか不安を抱えていた。一方で楽天の担当者は実現に向けてものすごい勢いで社内を調整していった。こうなると私も負けていられない。すぐに企画書を書き上げて上申した。さらに出店する店舗を探さなくてはならない。楽天市場にも出店し、なおかつ人手を割いてマルシェにも出店するとなると候補はかなり限られる。企業側にも判断にかけてもらえる時間はわずかであるため、急いで募集をかけた。ここで注意すべきは、お願いして出店してもらってはいけない、ということである。しっかり地域を盛り上げるため、横浜信用金庫としても企業にメリットを供与したい想いで取り組むものであるという趣旨を理解してもらったうえでご案内するように、出店先探しに協力してもらう営業店には依頼した。最終的には周囲の多大な協力を得て6店舗の出店が決まった。そのほか、大桟橋マルシェの主催者である大桟橋マルシェ実行委員会へ出向き、横浜信用金庫と楽天が協賛企業として参加することの了承を得た。時間がないなかで、一つひとつの課題を猛スピードで解決していった。イベントを開催するという業務は非常に負担が大きい。

たくさんの細かい作業もあるなかで、何とか多くの方に協力してもらって当日を迎えた。不安だらけのスタートであった。

しかし、いざ始まってみると不安は一掃され、むしろそれまでの私の常識を覆してくれた。楽天からは多くの人員が派遣され全6店舗の集客に大きな声を出して協力している。取引先である店舗も非常に楽しそうに商品を販売しているようにみえた。なかには品切れとなり慌てて追加で本社から商品を取り寄せている店舗もあり、楽天のメンバーと店舗が一緒になって品切れを喜んでいた。準備期間が少ないなか、勢いに任せてスタートしてしまったため、不安もあれば、始まるという実感もないまま当日を迎えていたが、始まってみると、楽天という日本を代表する企業とコラボレーションして、取引先と一緒に三位一体となってイベントを成功させていた。いままでの業務のなかにはこのような取組みはいっさいなかったため、効果もわからなければ、どういう結果をもたらすのかも想像がついていなかった。しかし、参加するみんなが楽しそうにイベントにかかわり、協力して盛り上げてくれた。そして来場者の方たちも物珍しそうに足を止めて店舗をのぞいてくれていた。そのことが何よりも新鮮で嬉しかった。

ちなみに、楽天側はこのイベントを開催するにあたり、出店した6店舗で、楽天ペイを利用して決済を行うと代金を半額にするというセールを実施してくれた。値引きした半額はすべて楽天が負担してくれた。そして30名を超える人員を派遣してイベントを盛り上げてくれたのである。

6店舗が楽天市場へ新たに出店をするとはいえ、どう考えても赤字だろう。なぜそこまでして協力してくれたのか、後になって担当者に聞いてみた。

楽天の担当者は、「楽天としても、楽天市場出店者とリアルイベントを行うことは初めての取組みだった。普段はWEBを通じての販売になるため、エンドユーザーの動きというのはサイト遷移でしか把握ができない。イベントでは、その人がどんな顔をして買っているのかリアルに感じることができた。楽天市場はたしかに便利かもしれないが、取引先の顔がみえないのは良いことではないと思っていた。リアルイベントをやってエンドユーザーの顔をみることは、楽天にとっても勉強になる機会だと思った。だから多くの楽天メンバーに参加してもらうようにした。さらにイベントの趣旨が地域活性化につながるものであることから、取引先にとっても有益だと思ってほしかった。地域や取引先が活性化しないことには楽天市場は廃れていく。だから費用を負担してでも地域活性化をすべきだと判断したし、純粋に横浜信用金庫の大事な取引先に喜んでほしかった」と言ってくれた。

楽天の担当者の言葉に、私は感銘を受けた。私自身も含め、地域金融機関もこのような感覚をもっともたなくてはならない。そもそも今回の企画があがった時点でまず私の脳裏によぎったのは、「社内で話をまとめられるかどうか」という内向きの思考だった。楽天の担当者は「かかわるすべての人にとってプラスだから絶対にやろう」という考えだったに違いない。あらためて現実を突きつけられ、恥ずかしい思いでいっぱいであった。まずは地域のために、取引先のためにと取り組んできた自負があったが、実際には全然できていなかった、まだまだ甘かったのである。楽天に教えてもらうことは多かった。ちなみに楽天の担当者は、その時にまだ20代の若者だった。楽天は1997年に創業しているため、ちょうどこの当時創業20年である。たった20年間で日本を代表する企業となり日本経済に多くの影響を与える立場にいる。いろいろな要因があるのだろうが、多くの社員がこの時の担当者のような感覚をもっているからこそ急成長を成し遂げ、支えているのだろうと思う。横浜信用金庫は創立100周年間近の金融機関である。この20年間を猛スピードで走り続けて、そして成功を収めている企業には学ぶことが多い。金融機関はいつからか時計が止まっている。外の世界は大きく深い。金融機関ももっとそうした外の世界を知って、取引先に還元しなくてはならない。

どのような効果が出るのか、どのような結果になるかわからなかった大桟橋マルシェで私は多くのことを学ぶことができた。出会いが地域の活性化を起こすのだとあらためて感じた。同時に、プラットフォームビジネスは成功する、いや成功させなくてはならないと感じていた。

楽天とのイベントの翌日にココペリへ連絡をして、「プラットフォームビジネスの件、早急に進めたい」と伝えた。

Ｂｉｇ Ａｄｖａｎｃｅを大きく推進していこうという原動力になったのは、間違いなく大桟

（大桟橋マルシェのようす）

橋マルシェだった。大桟橋は横浜港における船舶の主要発着埠頭である。いま思えば、BigAdvanceの船出としては最適な場所だったのかもしれない。

金融機関内部で反対されるほど成功する

大桟橋マルシェを境にプラットフォーム構築に向けて私は動き出した。まずは企画書を作成して部内の了承を得ることから始めた。22歳で横浜信用金庫へ入社して以来、最もワクワクした仕事で、夢中になって企画書を作成した。

何よりも「世界が変わるかもしれない」と思いながら仕事をすることが幸せだった。もちろん、確信があったわけではない。ただ、考えれば考えるほど取引先や地域にとってできることが多くあると感じた。金融機関という業態は、地域や地域企業に近い存在であり影響を与えることができる。地域にとってなくてはならないポジションにいるのである。多くの情報や人員リソースをもつ金融機関がもっともっと地域貢献に集中したら、と考えるだけでワクワクが止まらなかった。

企画書を書き上げると、すぐに部内で共有した。しかし、ほとんどは「無反応」だった。良いとも言われなければ、悪いとも言われない。いままでにない未知のサービスであるためなかなか意見を口に出すことはむずかしかったのかもしれない。意見はないかと問うと、ようやく「良いと思う」「けど、うまくいくかわからない」「うちが真っ先にやるという文化はない気がする」「稟議を通すのはむずかしい」と批評をもらえた。そのようななか、ただ1人だけ「おもしろいな。やろう」と言ってくれた人がいた。部長の大地邦夫だった。

大地は金融機関内では珍しく「まずやってみよう」と考えるタイプだった。そしてやると決めたらとことんやる。部下の意見を尊重しながらもリーダーシップを発揮して、社内でも物事を進めることができる突破力があった。金融機関として収益力が低下していることを強く懸念していて、新しいことにも果敢にチャレンジしようと先頭に立って推し進めていた。何よりも部下をその気にさせるのがうまい。やる気がある部下の能力を最大限に引き出そうとして後押しをしてくれる。半面、動きの悪い部下には厳しい一面もあったが、何よりも部下を必ず守ってくれる。その安心感が大地にはあった。Big Advanceが始まるまでにはさまざまな困難があった。始まってからも同様である。そのたびに大地は必ずフォローをしてくれた。そして正しいことに関しては身を引かずに必ず社内を説得し、結果も出してくれた。

よくあるパターンで、「俺は良いと思うけど上が首を縦に振らなくてさ。力になれず申し訳ない」という上司がいる。部下はこの時に何と思うのかを考えていないから言えるのだろう。自分が良いと思うなら何がなんでも通すべき、と部下は思うはずである。あたかもフォローしているようにみえるがそれは当人の勘違いでしかない。部下の心はどんどん離れていく。上司としての価値を自ら下げているにすぎない。こうした上司像というのは金融機関には多く存在する。上に歯向かうことが自らの出世の足かせになることも多いため上司とは戦わないという人間が多い。上司も上司で人事評価を前面に出してくる人間もいる。私も実際に「人事評価の時期なのだから俺の言うことを聞いたほうが良いぞ」と言われたことが何回もある。バンカーのもっぱらの興味は人事にあるので、こうした感覚や会話が日常化している。

大地は、まったくそういった節をみせない、信頼できる上司だった。常務がなかなか理解を示さないとしても、どうやって理解してもらうか一緒に考えようと言ってくれる。Big Advanceは、大地がいなければ実現しなかったと断言できる。この時の部長が大地だったことは幸運だった。先の話にはなるが、Big Advanceがスタートして3カ月後の役員改選で大地は部長から常務に昇格した。昇格に伴い、業務推進部の担当からは外れて違う部の担当常務になった。嬉しい半面、大地のお陰でBig Advanceが始まったこともあり少し寂しい気持ちにもなった。いつかもう一度、一緒にBig Advance事業に携われたらと願っている。

大地の後押しもあり、他部署を巻き込んでプラットフォーム構築構想を進めることになった。

しかし社内調整は思っていた以上に苦戦した。他部署はまず批判から入るし、そもそもプラットフォームとは何かから説明しなくてはならない。そして審査員と評論家が多く、良い点よりも懸念点から話が進む。そして必ず批判の主語が「金融機関」であった。

「リスクはどこにあるのか」

「横浜信用金庫が先駆けて行うことに意味があるのか」

「使われなかったらどうするのか」

「情報漏えいリスクがあるだろう」

「本業支援ができるように本当になるのか」

「ビジネスマッチングして取引が失敗したらだれが責任をとるのか」

「営業担当が取引先に行かなくなる」

「営業担当が育たなくなったらどうする？」

等々、最初は言われたい放題であった。しかし、主語が「お客様」ではない批判だったからか「批判されればされるほど成功する」という自信が私にはあった。

また、現場にも話を聞いてみようと思い、私自身が信頼している3人の後輩たちにも意見を聞いてみた。忖度しない、真っ直ぐな意見をもらえると思い彼らに聞いてみたのだ。1人は「成功するかわからないけど楽しそうだ」と言い、もう1人は「これはすごい。絶対やるべきだ」と言ってくれた。最後の1人は「私にはこんなむずかしいことわかりません。若い子たちはこういうのがあったら使うだろうし指導も楽になるかもしれないですね。プラットフォーム使って動け！と言えるし」だった。3人とも現場に置き換えて考えてくれたうえで使えると思うという意見だった。プラットフォームができれば私はこういうかたちで活用できると思うと具体的な意見をくれる。そのうえでやるべきだと後押しをしてくれた。ますます実現しなくてはと決意した。

その後、通常業務をこなしながらプラットフォーム構築を進めていたことから業務量も増加し、朝6時から終電まで働いていても時間が足りない状況になっていた。そのため大地に人員増加をお願いしていた。なかなか本部に人員を増加させることはむずかしい時代にもかかわらず人事部に掛け合ってくれて、1人配属されることになった。配属されたのは、先述の現場の声として話を聞いたなかの1人である加藤正路だった。

加藤は私の2年後輩にあたり、本店営業部時代に1年間一緒に仕事をした。私が先に転勤をしたがその後も交流は続いていた。加藤の良いところは、正義感が強く、正しいのか間違っているのかで物事を判断する点である。また、お客様への愛情が深く、お客様のために自分は動くということを体現している人間だった。そして、私に対しても正直な意見を具申してくれる。今回は、だれも答えがわからないプラットフォーム構築がミッションである。私自身が正しいことを行っているのかわからなくなる時が必ず何回も訪れると考えていた。その時にパートナーから忖度されて私の意見に同調されてしまっては、良いものはできない。客観的な目線で意見具申をしてほしかったのである。そういう意味では加藤は適任だった。信頼関係がなくては新しいものは生み出せない。意見をぶつけ合うことが大事である。そんな想いから私は加藤の配属を大地に依頼していた。人事なので実際はどうなるかはわからなかったが、大地の掛け合いもあり実現した。

加藤が加わり、大地と私をあわせて3人で突き進むことになった。とにかくどの場面でもどの会議体でも批判からスタートする。批判というよりも論評が飛び交う。前向きな意見も出ていたが、一緒に進めようと言ってくれる人はいなかった。挫けそうなことや腹立たしく感じたことは多々あった。そのたびに、だれもわからないことをやろうとしているのだから、批判されるほど正しいことに違いないと考えていた。金融機関の常識は非常識であるという言葉が下支えしていたのかもしれない。とにかく粘り強く進めるしかない。そんな信念も伝わり始めたのか、徐々に理解者が増えてきた。

奇跡のひと言

プロジェクト開始から半年近くが経過した2017年11月、紆余曲折ありながらも、ようやく役員プレゼンにたどり着いた。そこでも同じように批判からスタートした。

「以前も同じような会員組織サービスを導入したがうまくいかなかった。今回もうまくいくとは思えない」

「クラウドサービスのセキュリティは安全なのか?」

「お客様が受け入れてくれるのかわからない」

「なぜ横浜信用金庫が先駆けてやる必要があるのか」

「他の金融機関がやっていないことをやるのはリスクだ」

といった疑問や質問があがった。しかし将来のことは不透明であり不明確なのである。明確なことはありえない。どんなことでも予定どおり行く可能性もあれば、想定外のことが起こる可能性もある。「判断」をするのであれば判断材料をとにかく多く用意すればよい。しかし、そこにかける時間や労力は判断の精度を上げようとすればするほど多くなる。これでは現代のスピード感ある市況には追いつかない。差が開く一方である。やはり「決断」が必要なのだ。特に金融機関においては「判断」するための資料づくりにとにかく時間を費やす。はっきり言って、これだけ用意すればだれでも判断できるだろうという状態まで資料を用意することもある。

役員プレゼンでは肯定的な意見ももらえた。これからはこういう時代という意見も出ていた。その一方でプラットフォーム構想を全国展開することに対しては鼻で笑われた。

「どんな意味があるのか」

「風呂敷を広げないほうが良いぞ」

「失敗したらどうするのだ?」

などまったく理解を得られなかった。

議論も出尽くしてしばらく静まり返り、このままでは結論が出ないなかでプレゼンが終了してしまうと不安になっていた時だった。

「これが成功したら素晴らしいことですね。お客様のためにも、職員のためにも、地域のためにも素晴らしい」

発言の主は理事長の大前茂だった。経営トップの発言の重みを感じた。空気を変えるだけの力を持ち合わせているからこそトップとして君臨できているのだと感じた。そして、大前理事長に良いと思ってもらえたことが自信にもつながった。この後も不安になることや思い悩むシーンはたくさん訪れたが、この時のことが後ろ盾となり、その時々の私を後押ししてくれた。それだけトップからのひと言には影響力がある。全国の金融機関には、正しいと思っていても組織という壁に押し潰されて行動に起こせないなどの事象はたくさんあると思う。そんな時にトップからひと言でよいので後押しをしてもらえるとどれだけの担当者が救われるだろうか。「頑張ってやり遂げてほしい」など、たったひと言で担当者は生き返る。これからは経営と現場が近い組織ではないと世の中のスピードに追いついていくことはできないと思う。否定するのは簡単である。責任も背負わなくてよい。何か新しいことをやろうとする担当者は、この否定の嵐に心が折れることが多々あるだろう。そんな時にトップからの後押しがあれば、心折れながらも進めることができるかもしれない。稟議制度を敷いているため経営陣はいろいろな議論がなされた後に話を耳にする機会も多いかもしれない。担当者は否定や批判の嵐を受けるくらいなら何もやらないことを選ぶことも多い。意思決定までのスピードを上げることと意思決定まで担当者が議論を進められるような環境づくりをぜひお願いしたい。やはりそれが地域活性化につながるのだと思う。

大前理事長から後押しをもらえたプラットフォーム構想は、いくつかの課題はあったものの「まずはやってみよう」という結論に至った。

驚異のスピード

プラットフォーム構想を進めることが決まり、ココペリへ発注してからはさらに怒涛の日々が始まった。まずサービス開始の日程は、プロモーションで多大な協力をいただいていた電通のアドバイスもあり、4カ月後の2018年4月19日に決まった。それまでにやらなくてはならないことが山ほどあった。それは発注先のココペリも同様である。発注すると、いままで長い間待たせていたことはすべて忘れて早くやろうと煽るのが金融機関の勝手なところでもある。発注した時点では、どんな機能を搭載するかなどざっくりとした案しかなかったが、驚異のスピードでココペリは期待に応えたのであった。

ちなみに、金融機関は比較検証が絶対である。他ベンダーにも見積りを依頼していたが、他社は「期間2年・3億円」という回答であった。ココペリは、他社が2年かかるというところを、4カ月で納品したのであった。当時は技術力の違いを深く理解できていなかったが、いまではココペリの技術力こそがBig Advanceの源泉であると身をもって感じている。

Big Advanceは「Weekly Release」と題して高速でPDCAサイクルを回している。毎週新しい機能や改善をリリースしているのである。このスピード感によって他社の追随を許さないという意味合いもあるが、何よりもユーザーの満足を得るために必要だと考えている。時代の流れに後れをとらない、むしろ時代を引っ張るスピード感を示すには、毎週アップデートを重ねていくことは当たり前である。ただ、言うは易しで、毎週リリースということがどれだけ大変で困難なことか、周囲を見渡しても、他社に話を聞いてもこんなスピード感はない。実現するには相当な技術力が必要である。Ｂｉｇ　Ａｄｖａｎｃｅの画面遷移は触ってみるとわかるが、とにかく早く、ストレスを感じずに操作できる。ＵＩ／ＵＸにもとことんこだわっていて、技術者の視点ではなく、ユーザーの利用頻度など数値に基づいて改善を行っている。思えば、２０１７年４月に初めてココペリを訪問した時には、この高い技術力は理解していなかった。ココペリを選定した理由は技術力がメインではなく、みている方向性が一緒だったことや、もともとの経緯、コスト面、何よりもビジネスパートナーとしてともに歩んでいけるという感覚を得られたことが大きかった。金融機関に長く在籍していた当時の私は、彼らの技術力を推し量る能力は持ち合わせていなかった。ココペリの高い技術力が短納期を実現し低コストを実現していることすらも当時では理解できておらず、他社と比べて安過ぎて心配していたくらいである。結果としていろいろな奇跡が重なったことで通常では考えにくいスピード感でシステムはできあがっていった。

システム構築以外にもやることはたくさんあった。業務は膨大となっていたこともあり、大地の計らいにより同じ業務推進部からの部内異動で宇野ひとみがチームに加わった。その後、横浜西口支店時代の部下である木村俊介も加わった。宇野は本部経験が長く社内全体を見渡しながら業務を行うことができるタイプで、外出が多い私と加藤にはなかなか手がつけられない業務を担当してくれた。彼女がいることによって外で思いっきり暴れることができるようになった。チームの生産性が大きく向上したのである。木村はどちらかというと現場営業で力を発揮するタイプであるが、とにかく周囲を明るくできる才能がある。明るい雰囲気の組織やチームには必ず福が訪れると思う。映画の『モンスターズ・インク』ではないが、泣き顔より笑顔のほうが人間は力を発揮するのである。今後幾度となく訪れる危機で彼のような周囲をとにかく明るくする能力が打開するきっかけになると考えた。現に、木村が加わってからは特に雰囲気は明るくなり、チームの推進力はかなり前進したと感じている。

大地を筆頭に5名が集結しサービス開始まで突き進む体制が整備された。2018年4月19日にローンチ（サービス開始）することだけが決まっていて、後は何もできあがっていないという状況だった。これまで連携を行ってきた300社近い大手企業に対して、プラットフォーム開始を案内し参加を促すだけでも大変な作業だった。それに加えてローンチイベントの開催や、社内規定の策定、営業店への周知、正式な稟議作成、当局への報告、もちろんシステム構築にも携わらなくてはならないし、われわれが使いこなせるようにならなくてはならない。この時点でプラットフォームの画面があるわけではなく、名前すら決まっていない。そのなかでさまざまな会議で承認を得なくてはならないし、プラットフォームに参加してもらう企業の理解を得なくてはならない。これは思っていた以上に苦労した。やはりみてみないとわからないという意見が出てしまう。しかし、われわれには時間がない。特に、ローンチして間もない頃には取引先の加入数は当然少ないため、大手企業が加入していることが強みになると考えていた。そのため、いかに多くの大手企業をローンチまでに集めるかがポイントだった。多くの業務を背負いながらも、大手企業開拓や新しいプラットフォームへのオファーには特に力を入れた。ローンチしてから参加を検討するという回答も一部にはあったが、大半の企業は熱い想いに賛同してくれたのか参加を決めてくれた。

サービスのネーミングもなかなか決まらなかった。やるとなるとそれまで否定的だった人間もいろいろなことを言い出す。最終的には、「地域企業とあるべき姿を共有する」という、金融機関としてやるべきことを主眼に考えようとなり、「未来をつなぐ　共に前へ」という標語が先に決まった。そのなかで「未来」「つなぐ」「前」という言葉から考え出した時に、「Ｆｕｔｕｒｅ」はありがちなイメージであり、「Ｃｏｎｎｅｃｔ」はほかにもありそうだという意見が出た。「Ｆｏｒｗａｒｄ」も他社サービスにあるということとなり迷宮入りしかけたが、「Ａｄｖａｎｃｅ」が良いのではという意見があがった。プラットフォームには金融機関や地域企業が「前進」して

ほしいという想いも込められている。最終的には頭に「大きく」という「Ｂｉｇ」をつけて「Ｂｉｇ Ａｄｖａｎｃｅ」に決まった。ロゴも前進という意味を込めて、上に向かう道を表したロゴを作成した。

こうして、発注からわずか4カ月あまりという期間で、２０１８年4月19日、Ｂｉｇ Ａｄｖａｎｃｅは正式にリリースされた。

リリース当日のイベントには約４００名に参加していただいた。取引先や大手企業、営業店担当者などが参加し大盛況に終わった。Ｂｉｇ Ａｄｖａｎｃｅ加入企業もスタートから順調に増加し約9カ月で２０００社を超えた。まだまだ改善の余地はあるものの、第一段階としては成功したといえる状況であった。振り返ると、２０１７年12月にココペリへ正式に発注してからの4カ月間はほぼ記憶がない。すべてのことを同時に、ハイスピードで行う必要があり、夢中になって働いていたのだろう。加藤や宇野、木村にとっては大きな負担だったかもしれないが、着地に向けて一気に業務を進めた。ココペリも驚異のスピードで応えてくれた。たしかに大変な時期だったと思うが、このスピード感がいまの時代においては何よりも重要なのだと思う。そしてこれからもココペリがもつこのスピード感は大きな武器になるだろう。金融機関とともにこのスピード感をもって前進していくことが地域活性化には必要である。

第4章

地域の枠を超えた地域金融機関ビジネス

プラットフォーム構想

横浜信用金庫でスタートしたBig Advanceだが、もともと、横浜信用金庫だけで行ってはいけないものだと考えていた。全国の金融機関に横展開するべきサービスであるという考えが基本的な構想にあった。役員会議の際には鼻で笑われた全国展開であったが、半ば強引に推し進めた。全国がつながることに魅力を感じていたといえば簡単であるが、地域にとどまる地域金融機関のビジネスモデルにどこか限界を感じていたのだろう。地域の人口が減少するなか、限定的なエリアでBig Advanceを提供することがはたして正しいのかを考えた時、私のなかでは答えは自然とNOだった。横浜信用金庫や横浜という地域のためにも全国がつながる世界をつくるべきだと考えていた。その時には、まだまだ私は横浜信用金庫を主語で考えていたのかもしれないが、プラットフォームであるからこそ多くの方に使ってほしい、使ってもらってこそ価値が出ると考えた。そこには私自身が信用金庫の人間だということは関係なかった。行動の動機付けは「何が正しいか」であるべきだ。プラットフォームとしてのあるべき姿や地域やお客様のことを考えればおのずと答えは一つである。

この全国展開に関しても社内では批判の嵐だった。特に多かった批判は「やるとしても、もっと足元を固めてからやるべきだ」という意見だった。しかし、足元を固めるというのはどういうことなのか、基準が明確ではない意見が飛び交う。そうしている間に時代はものすごいスピードで進化を遂げて、時代とのギャップは大きくなる一方である。ビジネスを進めていくうえで何よりも重要なことは「行動」であり、そして数値化することである。ＰＤＣＡとよくいわれるが、行動と数値化ができなければＰＤＣＡサイクルを回すことができない。さらに行動は一気に、同時にさまざまな方法で起こすことがスピード感を保つうえで重要になる。「まず横浜信用金庫の足元を固めてから全国展開を行う」。これでは時代に乗り遅れてしまう。その間に新しいサービスが生まれてＢｉｇ Ａｄｖａｎｃｅは一気に陳腐化してしまうだろう。世の中には競合サービスが必ず発生する。競合に打ち勝つにはスピード感をもって世の中のニーズに応え続けていくことが大きな要素となり、そうした考え方がないとせっかく生み出したサービスも劣化したものになってしまう。そうした問題意識があり、「足元を固めてから」という批判は気にせず全国展開を行うこととした。

全国展開に向けた動機付けのヒントは「ガラケー」にあった。私はどちらかというとスマートフォンをもったのが遅かったほうだと思う。ｉＰｈｏｎｅを最初に操作した時の衝撃はいまでも忘れられない。優れたＵＩ／ＵＸに感動したし、何よりｉＰｈｏｎｅ１台で全世界とつながれることに感銘を受けた。一日中ｉＰｈｏｎｅに触れていても飽きなかった。ｉＰｈｏｎｅをはじめとして、全世界で急速にスマートフォンが普及するなかで、ガラケーは衰退の道をたどりメーカーにとっては収益的な打撃も大きかった。Ｂｉｇ Ａｄｖａｎｃｅには、日本のトラウマともいえるガラパゴス化の事例を繰り返したくないという考えが根本にあった。だからこそ、横浜だけで展開するのは正しくはないし、リスクが伴うと判断した。

金融業界には新しいビジネスモデルが求められている。多くのデータを保有し盤石な顧客基盤をもつ金融機関においては、さまざまなビジネスが今後も多く生まれていくであろう。新しいビジネスをつくるだけでなく、どう展開するかは非常に大事である。他の金融機関との差別化を図るためのサービスであれば、単体で運営していくことになるであろう。しかし、それらを超えるサービスが現れたときは瞬時に危機に陥る。そうした事業リスクをどうとらえるかが大事である。金融機関の収益を奪っているのは市場環境だけではない。むしろ新しいＦｉｎＴｅｃｈサービスが収益を奪おうとしている。近隣の金融機関による収益減少への影響は低いといえるだろう。そう考えたときに、近隣の金融機関との差別化がはたして正解なのだろうか。盤石なサービス体制を構築するほうがよっぽど事業リスクは低減する。新サービスを生み出した後にすぐに陳腐化しないような体制構築は重要である。それをどういう視座で進めていくのかが問われるのであろう。

Ｂｉｇ Ａｄｖａｎｃｅに関しては、利用者であるお客様にとってどんな世界観が良いのか、地域にとってどんな形態が良いのかを考えた場合、横浜だけの限定的な情報サービスではなく、全国的なサービスにしていくほうが間違いなく良いと考えている。足元を固めていくにも全国展開は必要なことである。だからこそ、大きな批判を浴びながらも突き進んだ。もちろん、そこには横浜信用金庫内で、上司の大地のバックアップがあったからこそなしえたのである。

本書執筆時点でも、横浜信用金庫内ではいまだに全国展開に対して批判的な意見があると聞く。全国展開によってどれだけの利益をもたらしたのか?と審査しているのであろう。多くの人が集まっている組織であり、さまざまな意見があって当然ではある。ただ、私が願っているのは地域やお客様のことを考えて、何が正しいのか、どんな行動を起こすべきかいま一度見つめ直してほしいということだけである。収益環境が厳しくなるなかで店舗の統廃合などお客様に少なからず負担を強いるケースが出ている。金融機関もビジネスであり、効率的な経営を実践するのは当然である。しかし、収益をあげるためだけに統廃合をすることははたして正しいのだろうか。あくまで地域やお客様にとって貢献をしていくことを前提に、経営の効率化を実現してほしいと思う。地域経済の動向に不透明感があるなかで金融機関経営は非常にむずかしい局面が続くだろう。それは地域企業にとっても同様である。これからは、地域企業も地域を飛び出して、外の世界でビジネスを行っていくことが求められる。Ｂｉｇ Ａｄｖａｎｃｅでは世界とつながる価値観を実現したかったのであり、それこそがプラットフォームとしての役割だと思う。やはり最後はユーザーのためにあるべきなのである。金融機関の個別戦略でプラットフォームを展開しては繁栄がなく、金融機関にとっても有益ではない。

損して得をとれ！

2018年4月19日に横浜信用金庫でＢｉｇ Ａｄｖａｎｃｅがスタートし、5月末には会員数が800社を超えた。全国展開に関しては5月中旬から始めていた。各メディアでひととおり記事化されたのを見届けてからスタートしようと決めていた。

横浜信用金庫の人間として全国展開を始めたわけであるが、「横浜信用金庫さんにとって何のメリットがあるのですか?」と聞かれることが多かった。たしかに、エリアを限定して地域密着型ビジネスを展開する信用金庫が他県まで出向いて営業を仕掛けることに、違和感を覚えるのは当たり前である。かかる交通費も結構な額になった。そこまでしてなぜ動くのか、他の金融機関の方々には疑問だっただろう。しかし、先にも述べたが、ガラパゴス化を避けて全国とつながる環境を構築すれば、必ず地域企業がさらに元気になると信じていたのである。そして地域企業が元気になれば地域金融機関も比例して元気になる。そういう世界観をつくったという事実は先駆者利益として必ず恩恵があると考えていた。恩恵というのはもちろん地域企業に対してである。

地域GDPの低下により販売不振に苦しんでいる企業は少なくない。販売エリアを拡大するにも方法がなければリソースもないというケースが多い。そうした課題をクリアすることにより地域企業の可能性が広がる。情報収集ができるだけでもメリットがあるだろう。情報をいち早く提供することによって、早い段階から地域を飛び出してビジネスを展開する地域企業が増加する。エリアを拡大したからといって、無限に資源が増加するわけではない。早い者勝ちである側面が強い。だからこそ早い段階でお客様にそうした環境を構築しようとすることで、より多くのメリットを提供できるというふうに考えたのである。

一方で金融機関の文化は真逆である。周りが始めてからようすをみてスタートする習性が非常に強い。他金融機関での実績をとにかく好む。地域金融機関の場合、そもそも限られた地域内でのビジネスモデルであるためそうした思考に陥りやすいのかもしれない。先行して始めることのメリットよりも、他の金融機関が先に始めて成功しているからOKという判断になってしまう。何よりも「実績」で判断することが安心なのである。考えてみると融資業務の審査も同様な状況に陥っている。いまだに融資審査の主役は「決算書」である。企業の将来性よりも実績を重要視しているのである。バンカーであれば必ずといってよいほど、融資審査に携わっている。実績をみて判断すれば、何か失敗があったとしても抗弁が可能になる。この実績をもとに判断したが想定外のことが発生して失敗してしまった、という言い訳ができるのである。しかし、この考え方は時代から3歩後れをとる。実績をみてから判断するため新しいことはできない→さらに新しいことが生まれにくい業界になる→さらに実績をみる作業が加わる、というように、少なくとも3ステージ後れをとるのである。事業性評価と同様に将来性を評価する比重を高くしなければならない。Ｂｉｇ Ａｄｖａｎｃｅ導入はほかがうまくいったら考える、では実績をみているだけである。先行して導入することによるメリットには地域の環境による差異がある。先行することで当然失敗の発生可能性は高くなるが、それよりも失敗という経験が得られる。成功すれば先駆者利益が得られる。実績をみてからだと失敗のリスクはないが先駆者利益は少なくなる。そう考えると先行して取り組むほうが断然得である。先行して取り組まなくては意味がないと思っている企業のほうが世の中には増えている。しかし、金融業界だけは、先行して取り組んでいる他金融機関があるほうがよいといまだに考えているところが多い。こうした文化も変えていかなくてはならない。

先駆けてＢｉｇ Ａｄｖａｎｃｅの全国展開を目指す姿は必ず良い方向へ向かうはずである。当時の私は、地域企業への還元と同様に社内の若手職員たちに横浜信用金庫は先駆けてサービスを広げられる会社なのだと訴えたい気持ちも強かった。とても素晴らしい会社なのだと。伝わっているかどうかはわからないが、どんなことでも先駆けて行動することはいろいろな「得」をもたらすことは間違いない。それがすぐに利益として表れなくても、顧客満足や従業員満足向上など将来的に数値に表れるものに必ずつながっていく。最初は先行経費がかかるかもしれない。しかし損して得をとることにチャレンジしていくことが必要であることは間違いない。

狭い思考

全国展開はアポ取りから始まった。まずは近い地域から始めたほうが親和性は高いと考えて、近隣の銀行や信用金庫へ電話をかけた。後はさまざまなイベント、会合でお会いした人に話を持ちかけた。幸いなことに同業者ということもあり、面談に応じてくれる金融機関が多かった。本書を執筆している現在では、200を超える全国の金融機関にお邪魔している。

多くの金融機関にお邪魔したからこそ良い反応もあれば愕然とする反応もあった。印象に残った言葉を少し紹介しようと思う。

「われわれの地域企業は他県とつながりたいと思っていない」

「競合金融機関には情報を流さないでくれ」

「地域の情報を囲い込みたい。他の地域とつながることはマイナス」

「取引先の情報をもとに競合金融機関の新規開拓チャンスにつながってしまう」
「マッチング情報は当金融機関だけのものを表示したい」
「士業相談は地域の士業に限定されるようにならないか」

などである。すべて主語が「金融機関」である。一方ですでに導入している金融機関もしくは導入を決定している金融機関、導入を前向きに検討している金融機関は「取引先のメリットが大きい」と判断していただいている。主語が「取引先」「地域」になっている。金融機関の将来性が危ぶまれてからどれくらいの期間が経過しているだろうか。金融機関同士が競合ではなく協業が必要な時代にもかかわらず、近隣金融機関との差別化という発想が先に来てしまう。いまや、対峙すべき相手はＧＡＦＡのようなプラットフォーマーではないだろうか。こうした思考を変えない限り、金融機関が主導して地域企業を元気にすることは真の意味ではできないのだと感じる。

特に驚いたことは「他の地域とつながることがマイナス」という考え方である。つながることで取引先を奪われるという考え方から出た発言である。しかし、根底にある課題は、取引先の繁栄が仕事なのか、金融機関の繁栄が仕事なのかの部分である。「取引先が他県とつながることで他県の企業に売上げを奪われてしまう」という意見も一部ではあるかもしれない。しかし、それは経済の自然原理で考えればＢｉｇ Ａｄｖａｎｃｅを通じようが何だろうがいずれは起こりうるものである。しかもこの情報社会においては地域内での情報の囲い込みのほうがむずかしくりスクが高い。そもそも他県とつながらない世界を金融機関がつくることが正しいかを考えれば、答えはおのずと出てくるはずである。地域に囲い込んで企業の発展が遅れるよりも、エリアを拡大してさまざまな環境や情報に触れることで企業自体も成長する。その成長を後押しするのが金融機関の使命ではないだろうか。常に時代は進歩するのであり、現状維持では時代が進化する以上、常に衰退していくことになる。そして企業が進歩する機会を金融機関が閉ざしてしまうと地域は発展しない。その結果、地域全体が劣化するのである。企業の成長を後押しすることは金融機関の大きなミッションであり、経営者たちは金融機関にそうした行動を期待している。極端な言い方をすれば、経営者たちが期待している金融機関が他県とつながらない世界をあえてつくっているとしたら経営者たちは不幸でしかない。大半の金融機関は取引先の海外進出支援を行っている。それにより企業は成長すると考えているからこそ、そうした業務を行っているのだろう。であれば、他県とつながる世界観を否定することはできない。金融機関として地域企業にとってどんなことを提供すべきか再度見つめ直してほしい。

銀行ってそういうところじゃないです

全国展開営業は金融機関の組織文化にあらためて触れる機会にもなった。印象深い出来事がある。

ある金融機関の担当者から、「私はＢｉｇ Ａｄｖａｎｃｅがとても良いと思います。これは本当に素晴らしい」と絶賛していただいた。しかし、「でも、上司が理解してくれないのです」と続く。「上司の方はどのあたりを理解していただけていないのですか？」と聞いてもまともな回答はなく、掘り下げて聞いてみると、上司に対して大した説明もできておらず資料を回覧しただけであったことがわかった。真意を聞いたところ、上司は他社サービスを導入したいと考えていた。私と会話した担当者はＢｉｇ Ａｄｖａｎｃｅのほうが数十倍も優れていると判断している。しかしＢｉｇ Ａｄｖａｎｃｅは担当者の属する部署だけでは決められず、他部署も巻き込んで稟議をまとめなくてはならない。上司は回覧された資料をみて、たしかに良いものではあるが導入までのステップが多くて面倒だと判断し、自部署で決裁ができる他社サービスのほうが仕事の負荷がかからなくてよいと考えていた。担当者自身もそれはおかしいと認識していた。そうした背景もあって、Ｂｉｇ Ａｄｖａｎｃｅの詳細をあらためて聞きたいと思い私を呼んだのであった。そして、話を聞いてあらためてＢｉｇ Ａｄｖａｎｃｅの良さを感じてくれた。

そういうことであれば、想いをぶつけてしっかりと説明すれば上司だってわかるはずだと背中を押し、必要であれば私も直接プレゼンをすると伝えた。しかし、歯切れの悪い回答しか返ってこない。なぜそんなに考え込む必要があるのかと聞いたところ、「上司に話をして評価が下がったらと考えると進めにくい」との回答だった。サラリーマンである以上、そうした心境にもなるのかと一定の理解をしたうえで、「どっちが正しいかは明確ではないか？」と聞くと「もちろん、そう考えている。でも銀行ってそういうところじゃないのです」と返ってきた。どういう意味かと再度問うてみたところ、「上司に嫌われたら出世の道は閉ざされる。銀行はあっている、間違っている、で判断するところではない。そういう観点で判断はできない。いかに上から言われたことを遂行するかが大事なのです。上司と議論することはリスクでしかない。議論して左遷された人を何人もみてきた」とのことであった。

銀行員のモチベーションはいったいどこにあるのだろうか。ここで話をした担当者の例はごくまれなのかもしれない。この姿が銀行員を表しているとは思っていない。しかし、全国を回ってみると担当者からの評判はお陰様で高いものをいただくことが多い。ところが、なかなかそれが上司に伝わらない。私が金融機関に在籍していた時を思い起こすと、良い話があればすぐに部のトップである大地へ報告し共有した。現職でもすぐに共有して、コンセンサスが得られればすぐに行動に移す。以前もいまもこの動き方は変わらない。しかし、多くの金融機関では、部長に話しかけることですら気を使っているようにみえる。それはなぜかと考えたときに、担当者の根本的な思考にあるのは「上司に嫌われたくない」「出世に影響する」といった部分なのかもしれない。本当は間違っていると考えている業務を進めることには、少なからずストレスだって発生するはずである。そこまでして金融機関で出世することにはどんな魅力があるのだろうか。

金融機関勤務時代を思い起こすと、もっぱら職員の興味は「人事」にある。そして「噂話」も拡散が非常に早かった印象がある。「○○さんが次の部長らしい」「次の○○支店の支店長は○○さんだろう」「○○さんが○○部にいくとは思わなかった」等々、居酒屋の話題は人事の話で盛り上がる。「○○さんって、実は○○らしいよ」「○○がお客さんとトラブルを起こしたらしい」なんて話も頻繁に出てきた。とにかく「人事」に関しては敏感な職員が多かった。これは、「マイナス評価」が主流だった文化が原因だと考えている。良い仕事をしたことによるプラスの評価よりも、失敗を犯したことに対してのマイナスの評価のほうがインパクトが大きいため、積極的にチャレンジすることがなくなる。一度失敗すると社内では一気に噂話が広がり、「あいつは終わった」という声も聞こえるようになる。人事異動の時期になると、本当に左遷と思われるような異動もみられた。逆に、仕事の成果はあがっていないにもかかわらず、人事権限者に好かれている職員が出世するケースも多くみてきた。出る杭は打たれる傾向が強く、批判を受ける覚悟がなければ強い意見は言えない環境にあった。私がお世話になった上司も出過ぎた杭になってしまい、周囲から足を引っ張られて最終的には不遇を味わった。私自身は、意見を言うことを我慢するくらいなら辞めてもよいという気持ちが強かったので、気にせずいろいろなことを言わせてもらった。周囲からは「我が強い」「生意気だ」と言われていたのは知っている。もともと出世欲が強くなかったので気にしないようにしていたものの、良い気分ではなかったのも事実である。周囲の方々と比べれば自由に意見が言える立場であったと思うし上司も受け入れてくれた。しかし、大半の職員はなかなかそういうわけにはいかず、意見を口に出すことすらできない状況になっているように思えた。私が全営業担当にインターネット環境を用意すべきだと提案した時も、担当者たちは「私もそう思っていた」と賛同してくれるものの、いざ会議となると口を閉ざす。そこで意見を言うようだと減点され人事評価に影響が出てしまい、仕事自体もやりにくくなる。当人としてもそれは避けたいところだろうから口を閉ざすのは当たり前である。これではイノベーションは起きるはずがなく、私も孤軍奮闘したが限界もあり実現できなかったことはたくさんあった。

そのような文化、環境では「銀行はそういうところじゃないのです」と言った金融機関の担当者の気持ちもわかる。上司の言うことは「絶対遵守」という感覚になってもおかしくはない。おそらく同じような方は全国に多いのだろう。しかし、これではいまの時代を勝ち抜く組織になららない。上司に意見を言わない人間は本来評価されるべきではない。意見を言う人間こそ優遇されるべきである。そういう環境をつくらないと組織やチームの能力は上司の能力が限界値となる。上司の考えに加えてメンバーの意見が加わることによってシナジーが生まれる。上司はリーダーシップを発揮して、いかにチーム力・組織力を向上させるかを考えなくてはならない。金融機関にも当然であるが有能なリーダーはたくさんいる。一方で悪しき文化が影響して意見が言えない環境が存在していることも事実である。全国の金融機関にお邪魔しているなかで、上司に情報が届かない事象をたくさんみてきた。部下が必要以上に忖度をしているのである。金融機関は、チャレンジして失敗したことを称賛する文化に変えていかなければならない。そういう文化をつくることで、出世よりも仕事での成果や成功に興味が湧くようになるはずである。そうした文化の形成が地域社会にも良い影響を与える。上司の顔色を気にせずに、本来は有能なバンカーがより良い仕事をしていけば必ず地域は活性化するだろう。金融機関は地域のインフラとして重要な立ち位置に存在していることからも、活性化に寄与できるチャンスは一般の企業よりも多い。金融機関の組織文化を変えていくことが地域社会にとっても必要なのである。

取引先が何を求めているかが大事

Big Advanceには、実は「金融機関が売りたいもの」は入っていない。結果的に金融機関にとってメリットになっているものはたくさんあるが、すべてにおいて地域企業・中小企業にとって有用かどうかで判断している。金融機関側が地域企業のニーズをキャッチアップしやすくするための仕組みであり、企業側のニーズを喚起あるいは理解してほしいという願いが込められている。従来、金融機関は「金融機関が売りたいもの」を優先的に扱ってきた。その構図はいまだに変わっておらず、営業スタイルも「プロダクトアウト」が横行している。大半の金融機関が上半期と下半期の2期で業績評価の区切りとしている。まず半期での達成目標が本部から営業店に降りてきて、それを役席が中心となって達成までの行動指標を策定する。とある金融機関ではそのスケジューリングした行動指標を「マーケティングカレンダー」と呼んでいる。たとえば、「最初の1カ月で投資信託の目標を達成する」「2カ月目で住宅ローンの目標を達成する」「3カ月目の1週目はカードキャンペーン」など自分たちの活動をカレンダー化する。どこにマーケティング要素があるのかわからないが「マーケティングカレンダー」と名づけられていた。そして担当者はカレンダーにあわせたリストアップを行い、リストアップした取引先へ次から次へとアプローチをかけていく。そこに取引先のニーズという観点はない。

Ｂｉｇ Ａｄｖａｎｃｅはこういう現状を変えたいというところからスタートしている。時代はすでに変わっているのだ。日本国内で一般的にいちばん堅いといわれているのは「役所」である。「お役所仕事」という言葉があるくらいであり、顧客主義というよりもルールにのっとって仕事をするということが重要視されている。ある意味これは当然であり、逆にルールを乱してしまうようであれば社会の治安が崩れていく。

問題なのは、その役所に金融機関が「顧客本位になれ」といわれている実態にある。金融庁は２０１７年に、金融機関に対して「顧客本位の業務運営に関する原則」を提言した。そして大慌てで金融機関は「顧客本位」という言葉を社内で推奨しだした。「これからの時代は顧客本位だ！」と強調して、「フィデューシャリー・デューティーとは」という研修も開催される。当時、私は金融機関サイドにいたが、監督官庁にいわれて慌てて動いている姿に非常に違和感を覚えていた。一方で金融庁がいっていることも理解できたし、事実として「顧客本位」が欠けていることも理解している。Ｂｉｇ Ａｄｖａｎｃｅはまさにそうした状態を脱却するために生み出したものである。そのため、「金融機関が売りたいもの」は入っていない。「取引先が求めているサービス」が詰まっているのである。

導入検討段階で、いろいろな金融機関から「カスタマイズで当行のサービスが売りやすいようにしてほしい」「有償マッチングを優先的に案内するようにしてほしい」などと言われる。「営業活動」に必要なことは「対価」が伴っていることが大きな要因となる。お金をいただいて契約する以上、取引先に見合う対価を提供しなくてはならない。営業活動を成功させるためには、対価を先行させることが重要である。モノを売ることから営業活動をスタートしてしまうと成果はあがらなくなる。金融機関の場合は債権債務という取引先との関係性があるためモノ売りが成立してしまう。しかし、それに満足しているのは金融機関だけであり取引先は「債務者だからやむをえない」という感覚をもっているところが多い。これが現実なのである。

ココペリには数名の営業部隊がいる。20代の精鋭たちで、Ｂｉｇ Ａｄｖａｎｃｅを導入していただいた金融機関の営業店にお邪魔して、営業担当者と一緒に取引先へ出向き、Ｂｉｇ Ａｄｖａｎｃｅの活用を促進している。その営業メンバーたちは、金融機関の営業担当者に対して「Ｂｉｇ Ａｄｖａｎｃｅを売る必要はない」と伝えている。さらに「パワーセールスで自分の価値を下げてはいけない。自分を傷つけなくてよい」とも伝えている。そう伝えると若手金融機関営業マンたちは目の色が変わるようだ。取引先の課題をヒアリングしてＢｉｇ Ａｄｖａｎｃｅは解決策の一つとして有効活用できるとご案内すれば、結果として取引先はＢｉｇ Ａｄｖａｎｃｅへ加入する。「お願い」はいっさいする必要はない。いまのご時世でプロダクトアウトやお願いセールスが横行している業界はほかに見当たらない。ＧＡＦＡは顧客データをもとに「何を求めているのか?」を正確に把握して的確な提案を行っていくだろう。それに対して自分たちが売りたいモノを売る金融機関が存在する。この差は大きい。GAFAには人が介在しないが、金融機関には人が介在するという武器がある。その「人」が自分たちの売りたいモノを売ってしまっては逆効果になる。そうであれば取引先からするとよっぽどデータから弾き出されたモノを選択したほうが信頼できてしまう。本来金融機関は信頼や信用を売りにしているはずだ。その金融機関が本当の意味で顧客本位にならなければGAFAに対する勝ち目がなくなってしまう。人が介在することによって取引先に価値を与えなくてはならない。

Big Advanceは、地道ではあるがそうした現場の変化も起こすような仕組みにしている。ココペリの営業メンバーはBig Advanceの販売ではなく、金融機関の営業現場に変革をもたらしたいという想いで活動している。私は彼らにBig Advanceを売りに行くなと伝えていて、それを実践してくれている。営業メンバーのリーダーを任せている中野雄太という人物がいる。彼は私と同じ横浜信用金庫出身で、自らの成長を期して横浜信用金庫から他社へ転職を決めていたところだったが、ココペリで力をつけたいといって、決まっていた転職先よりも条件面では劣るココペリに入社してきた心強いメンバーである。とにかく正義感の強い性格で地域企業に対する強い想いもあり、全国へ飛び回り、金融機関の現場を変えたい一心で積極的に活動をしてくれている。彼は決してBig Advanceを売らない。お願いセールスやプロダクトアウトは自分の価値を下げるだけだと強く自らに言い聞かせている。企業支援のために全国を飛び回り、金融機関の営業担当者と地域企業へ訪問している。そして、Ｂ·ｉｇ　ＡｄｖａｎｃｅをもとにＣ企業支援を実践している。その結果ではあるが、彼が訪問した企業の約７割がＢ·ｉｇ　Ａｄｖａｎｃｅに参加していただいている。Ｂ·ｉｇ　Ａｄｖａｎｃｅを売りに行っていれば７割という数字は出てこないだろう。企業支援を行う姿勢でＢ·ｉｇ　Ａｄｖａｎｃｅを活用しているからこその結果である。彼の行動力と熱い想いは他のココペリ営業メンバーにも派生して、非常にモチベーションを高く保ち活動してくれている。時には営業店の役席に対して強い意見を言っていることもあるようだが、それは彼らが強い責任感のもと、取引先にとって価値のある営業活動を行ってほしいという願いの表れなのである。取引先が何を求めているかを的確に把握して、それに対して適正な提案や課題解決、価値提供を行う金融機関の営業マンたち。これこそが真の姿であり、真の顧客本位である。

数百万円の投資に１億円のコストをかける罪

Ｂ·ｉｇ　Ａｄｖａｎｃｅの導入は、金融機関にとって勘定系システムの更新とは異なり、数億円の投資にはならない。導入時点では数百万円ほどであり、償却対象になるため損益計算書（P／L）に与える影響は軽微である。横浜信用金庫が初期段階で相応の投資を行ったため、他金融機関はその恩恵を受けるかたちで価格帯はかなり抑えられている。一から同じようなものをつくるとなるとかなりのコストが発生し、人員の投入や金融機関同士のつながりを構築しようとするとコストだけではなく、かなりの時間と労力を要する。実際、私ももう一度大手企業への営業をやれと言われると気が進まない（また太ってしまう）。いろいろな観点から考えてもＢｉｇ ＡｄｖａｎｃｅのコストパフォーマンスはかなりＢ良い状態にある。今後さらにＢｉｇ Ａｄｖａｎｃｅ経済圏が大きくなれば、いま以上にコストパフォーマンスは良化する。それは導入していない金融機関だけではなく、導入済金融機関にとっても同様である。そうしたことからも私は全国の金融機関がつながっていくことにこだわりをもって営業を行っている。経済圏が大きくなることは金融機関にとっても地域企業にとってもメリットのほうが大きい。Ｂｉｇ Ａｄｖａｎｃｅという特定の地盤で多くの企業が存在することは、ＡｍａｚｏｎやA楽天市場と同様に規模のメリットを創出する。Ｂ ｔｏ Ｂプラットフォームではなかなか実現していない世界であるが、金融機関のもつネットワークや情報、人的リソースがあれば実現できると感じている。そういう意味では着実にＢｉｇ Ａｄｖａｎｃｅは成長を遂げており、金融機関からみたコストパフォーマンスに特段の問題はないと考えている。

しかしながら、Ｂｉｇ　Ａｄｖａｎｃｅ導入への意思決定までに多くの時間が割かれることが多い。価格帯が低く、コストパフォーマンスが高いからといって何も考えずに導入すべきだといっているわけでない。問題なのは、まるで勘定系システムを導入するかのように多くの時間と人員を投入して検討する体制にある。導入してみないとわからないことは多くある。ガラケーから iＰｈｏｎｅに変えた時のように使ってみてわかることはたくさんある。良い面もあれば悪い面もあり、それらを受け入れながら人はツールを使いこなしていく。Ｂｉｇ　Ａｄｖａｎｃｅも同じように、営業担当者ごとに使いやすいポイントは違う。取引先にとっても同様で、どんな機能に興味をもつかは導入前にはわからない。しかし、金融機関では導入してからでないとわからない答えを探しに行き、仮説を立ててそれを何度も検証する。やってみないとわからないことばかりなので意見が割れることも多い。担当者から上席、部長、役員クラスまで多くの人員を割く。意思決定までに10名の同意が必要であれば10通りの考え方があるわけで、さらに不明確なことを議論するとなると意見が対立して当然である。担当者はいろいろな意見が錯綜するためまとめることがむずかしくなり手が進まなくなる。そうして時間だけが過ぎていく。

いったいいくらの時間と人件費を投入しているのだろうかと感じる。これが10億円の投資なら理解できるが数百万円の投資である。金融機関には「融資稟議」というものが存在する。この稟議体制は金額によって決裁権限が変わる。たとえば５０００万円までは支店長、１億円までは本部の課長、5億円までは審査部長、10億円を超えると理事会決裁などといった具合だ。Ｂｉｇ Ａｄｖａｎｃｅに当てはめてみると支店長決裁レベルの金額である。しかし、導入審査は理事会決裁の場合も多い。Ｂｉｇ Ａｄｖａｎｃｅは営業体制にも影響を与えるので一定の審議は必要であることは理解できる。しかし、そこに1億円レベルのコストをかけているように感じてしまう。さらに、導入検討でいちばん重要になっているものが「実績」である。前述したとおり、とにかく実績が欲しいのである。他行がうまくいっていることが導入条件になる。自分たちでいかに使いこなすかを考える前に、他行がうまくいっているなら大丈夫だろうという安心感を求めている。実績で判断するのは決断ではなく、融資に担保や保証をつけるのと同じでリスクを負いたくない表れである。これからの金融機関に必要なのは「判断」ではなく「決断」である。

横浜信用金庫に在籍した際に大変お世話になった融資担当理事は「決断」ができる人だった。私は経営改善系の案件が多かったので、実績で判断することが困難だった。特に過去を表す財務諸表ではみえない部分を評価して融資を行うため「実績」がみえない。財務諸表では融資不可となる状況であるため、審査担当はいろいろと問題点を指摘してくる。財務諸表から問題点を見つけることは金融機関の人間にとって日常茶飯事であり、一番の得意分野かもしれない。私が手掛けた多くの案件は、こうした財務諸表だけでは判断できないものでネガティブな判断であれば簡単にできるような事例が多かった。それを打破するために取引先の強みや市場環境等を深掘りして将来を描くことで案件を組み立てていく。時には組織論や今後の販路拡大策まで言及して経営計画を策定する。こういう案件はもはや判断では決裁できず決断が必要になる。当時の融資担当理事は、こうした案件に対して「決断」をしてくれる方だった。当然であるが、すべてOKというわけではなく議論は行う。それでも案件の内容的に明確な答えが出るわけではなく、あくまで未来図をみているため、実績で判断は不可能である。最終的には決裁者である理事が決断をしないと前に進まない。いままでの体制であれば融資不可となるような案件でも、融資可と決断していただいたケースは非常に多かった。横浜信用金庫は全国的にみれば利回りは良いほうの金融機関である。貸出残高も増加を継続している。これはまさしく当時の担当理事がもたらした良い文化であり結果であると感じている。「決断」をいろいろな局面で行った結果が金庫全体に良い文化として広がり、しっかりと取引先を把握してそのうえで将来像を共有して支援を行う、このような良い文化が醸成されている。過去の決算書だけで「判断」をして融資不可とする時代もあったが、それでは取引先も横浜信用金庫と取引する価値はなく、どこの金融機関でも回答は大きく変わらない。それを上層部が「決断する」ことによって前向きな風土に変わっていった。そして変革が生まれていままでは多くの営業担当が経営改善案件を手掛けられるようになってきている。この始まりは理事の「決断」によるものであった。

本書執筆時点でＢｉｇ Ａｄｖａｎｃｅは60金融機関の導入が決定している。そのすべての金融機関に共通していえることは、「まずはやってみよう」という決断がどこかであったということである。3年後、いや半年後が不明確な現代（本書執筆中に新型コロナウイルスの感染が拡大し、さらに先行きのわからない時代になった）において大切なことは、「まずはやってみる」ことである。「やってみなはれ」という言葉は有名であるが、現代においては特に必要な考え方である。ＩＴの進化によって新しいサービスがどんどん生まれていくなかで、正確に未来を見極めることは不可能である。それを見極めようとし過ぎて「実績」をみて、「判断」して「決定」する間には、すでに新しいものが生まれている。常に時代遅れの状態に陥るのである。判断ではなくやってみようという「決断」をすることが経営には重要になる。そうすると検討コストも下がってくる。ＩＴ業界でいえばＳａａＳモデルのサービスは比較的導入コストが低いものが多い。せっかくコストが低いものを高いコストで検討してしまっては、コストパフォーマンスが落ちてしまう。これは金融機関自らが招いている問題である。「決断」さえできれば収益力はもっと上がるのではないだろうか。まだ自己資本に余力があるうちは失敗を経験することも可能である。「決断」することに慣れていない金融機関はもっとチャレンジをしなくてはならない。「まずはやってみる」、そんな感覚を金融機関はもたなくてはいけない。

動いたからこその奇跡

全国展開は、静岡県中部に本店を構える静清信用金庫から始まった。2018年4月19日にYokohama Big Advanceをスタートさせて、2カ月が経過した頃である。愛知県の金融機関への訪問予定が午前中に入り、午後が空いていたので東海道新幹線沿いの金融機関に突撃アポイントの電話を行った。何件目かにかけたのが静清信用金庫だったのだが、最初の数件は担当者と思われる方が不在ということで連絡がつかず、静清信用金庫だけが担当者とつながった。最初はココペリに初めて電話した時と同様に不信感たっぷりの対応だった記憶がある。しかし、すぐに趣旨を理解していただきアポイントが取得できた。

静清信用金庫は、全国で13番目に訪問した金融機関だった。それまでなかなか手応えもつかめずに、心が折れかかっていた時期だった。当日の午前中に訪問した金融機関は2回目の訪問であり、話が進展するかと期待して行ったが、内容は「スマートフォン対応できますか?」というものだけであった。「まだ対応していませんが、近日中に完成予定です」と答えてミーティングは実質的に終了した。電話かメールで終了する話にもかかわらず高い交通費をかけてここまで呼んだのかと唖然としたことを明確に記憶している。後にも先にもこうしたことはこの時だけで他の金融機関ではこんなことは起こっていないが、この時ばかりは「これが金融機関の実態か」と先がみえない状態に陥っていた。

しかし、その日の午後、一気に道が開かれた。約束の時間に静清信用金庫を訪問すると、電話対応をしていただいた池谷洋美氏が外で待っていてくれた。会議室へ通され、経営相談部の佐野圭崇氏が合流すると、ちょうどビジネスマッチングを強化したいと考えていたところだったと開口一番に話してくれた。池谷氏は私からの電話を最初は怪しいと思っていたようだが、2名とも非常に推進力があり、いかにしてお客様に喜んでもらうか、職員に喜んでもらえるかを本部職員として考えていた。Big Advanceに関しても良いものだと感じてもらい、「すぐに導入に向けて動きます」と言ってくれた。いままでの金融機関とは明らかに反応が違ったため、こちらが心配になるくらいだった。さらに、ミーティングの途中から亀山祐次担当常務が参加した。事前に私が訪問することを常務に伝えていただいており、ミーティングにも参加いただけたのであった。話をしていて、亀山常務はいかにして静清信用金庫を良くしていくかを考えていることが強く伝わってきた。そして組織の距離感が非常に近く、亀山常務が職員すべてを把握していることが何よりも驚きだった。「○○は○○高校出身で、気持ちが強くて良い人間だ」「○○は大学野球部出身で、入学時は投手だったけどストライクが入らなくて野手に専念することになった」などと事細かに把握している。「○○の奥さんは優しい人だ」などと家族のことまで知っているようすだった。600名以上の従業員がいる金融機関であるにもかかわらず、職員のことを把握していることに非常に驚いた。常務自身も職員を知ることにこだわりをもっているようだった。職員を知らなければ良い経営はできないと言っているように感じた。常務のこうしたスタンスは佐野氏、池谷氏にも文化として伝播していた。「地域のために、お客様のために、金庫のために、職員のために」、このような想いが伝わってくる金融機関であり、静清信用金庫のスローガンにある「そうだん力がせいしん力」という言葉に詰まっていた。

私もなぜBig Advanceをスタートさせたのか、Big Advanceを今後どうしていきたいのかといった想いを本音でぶつけた。地域活性化などへの想いは一緒でありすぐに意気投合した。全国展開は初めてであり私にもわからないことが多かったし、静清信用金庫側も手探りの部分は多々あったかと思う。それらを一つひとつクリアしていき、最終的には「まずはやってみよう」と決断をしていただき、Big Advance全国展開第1号が決まった。第1号が静清信用金庫で本当に良かったと思う。地域活性化やお客様の事業価値向上をどうやってお手伝いしていくかを最優先に考えている。利益は後からついてくる、しっかりとお客様に向き合って支援することが何より大事であるという意識が非常に強かった。ビジネスマッチングを収益の柱にしていくという金融機関が多く存在しているなかで、静清信用金庫のスタンスは際立ってお客様のメリットを追求しているように感じた。

このように、第1号金融機関はスムーズに話が進んで生まれた。愛知県に行く予定の帰りに、どこかに立ち寄ろうということでアポイントをとったことが大きく世界を変えた。静清信用金庫側ももう少し遅いタイミングだったら、違う決断をしていた可能性もある。アクションを起こしたことでぴったりのタイミングを引き寄せたのだと感じている。

金融機関にいると、最初にしっかりと計画を立てて行動することが当たり前になってしまう。ゴールがあることが安心材料になっている。PDCAサイクルを回すとよくいわれるが、金融機関はとにかく「P」が多い。Big Advanceの全国展開に関しては答えがどこにもなく、「D」を重要視した。まずは動いてみて、そこから学べばよいくらいの考えであった。結果的にDが何よりも大事であった。金融機関への営業など経験したことがなく、どうすればよいのかなどいくら考えてもわからない。まずは訪問して肌で感じたことを次に活かせばよい。訪問を重ねていくにあたり、どんな人に会えばよいのか、どういうかたちで商談を進めていけばよいのかがだんだんとわかるようになってきた。そして金融機関の本部で稟議を通すことがいかに大変なことかも理解したし、Big Advanceがさまざまな部署をまたぐ案件になることも判明した。いろいろなことが事実として浮かび上がってきたからこそ次のアクションが効果的になっていく。これらのサイクルをいかに高速で行うかで成果が変わる。高速PDCAという表現が最近では使われているが、まさにそのとおりである。「P」を精密に行ったとしてもすべては

「Ｄ」に依存する。私の選択した全国展開の方法はベストな選択ではなかったかもしれない。もっと効率的で効果的な方法があったかもしれない。しかし、それを見つけるスキルが私にはなかった。熟考していれば見つかったかもしれないが、おそらく相当な時間を要しただろう。結果的にＹｏｋｏｈａｍａ Ｂｉｇ Ａｄｖａｎｃｅスタートから1年経過しない状況で「Ｓｅｉｓｈｉｎ Ｂｉｇ Ａｄｖａｎｃｅ」をスタートできたことは、行動を重要視したからこそ起きた「奇跡」なのである。ＷＥＢマーケティングや広告など営業活動にはさまざまな方法があり、交通費なども発生することからコストパフォーマンスを先に検討することは大事である。しかし、不明確な要素が大きい案件の場合は、まずは行動を起こさないと検討する材料がない。答えがわかっていることだけを行動に移していくだけでは世の中の流れ

に遅れていくし、答えを先に出してしまうと奇跡が起きる可能性は著しく下がる。そうするとイノベーションは生まれずに後追いだけとなりさまざまなメリットを失うことになる。

私は、決してPDCAの「P」を軽んじているわけではない。むしろ「P」こそがスタートであり、ここがしっかりとしていないと「D」が活かされないと考える。今回の場合であれば、「まずは行動してみる」という「P」のもとで「D」を爆発的に行い、そこで得た経験をもとに「C」「A」につなげて、新たなPDCAサイクルを回していった。数え切れないPDCAを繰り返して成果に結びつけたといってよい。よく陥りがちなのは「P」が「D」に移らない現象である。金融機関にはこうした「D」が欠けてしまう現象が多いと感じる。

金融機関のトップ層が集まるイベントで講演をした際に、「PPPPPPPPDCCCA」という表現で金融機関を揶揄したことがある。各金融機関のトップ層相手にためらいもあったが、せっかくなのでと思い話したところ予想以上に好評であった。「痛いところを突かれた」「そのとおり」というお言葉をいただいた。やはりみんな問題意識を抱えているのである。それにもかかわらずどこかのフェーズで忖度が発生したり、担当者が考え過ぎてしまったりして前進しない。Pよりも「D」が大事であることは明らかなのである。「D」を重ねれば奇跡の回数も増える。金融サービス革命は動いてこそ起こるものである。

想いは伝わる

2018年12月21日、Big Advance初の全国展開として静清信用金庫、横浜信用金庫、ココペリの合同記者会見を行った。半年前に静清信用金庫を初めて訪問してから、さまざまな方々の協力や努力のお陰でたどり着いた第1号事例となった。記者会見では、静清信用金庫の佐藤徳則理事長からBig Advanceを「取引先をさまざまなビジネスチャンスへとつなぐ可能性に満ちた架け橋」と表現していただいた。この「架け橋」という言葉にいろいろな意味が込められているような気がして感極まってしまいそうになったことを覚えている。静清信用金庫の社内整理等は初めての全国展開導入ということでかなりの業務量になったかと思う。横浜信用金庫も一生懸命お手伝いをさせていただいた。ココペリも横浜信用金庫単独サイトから「つながるサイト」に切り替わることもあり、製作側を中心に相当な苦労があったかと想像できる。当時、私はまだ横浜信用金庫に所属していたため目の当たりにしていたわけではないが、兼子や森垣の多忙ぶりは感じていた。そんな全員の想いを乗せて2019年1月7日に「Seishin Big Advance」はスタートした。Big Advanceが本当の意味で第一歩を踏み出した。

そこから約2カ月後の2019年3月13日には9金融機関連携記者会見を行った。横浜信用金庫と静清信用金庫に加え、千葉信用金庫、碧海信用金庫、大地みらい信用金庫、三島信用金庫、西武信用金庫、長野銀行、大光銀行が集まり盛大な記者会見となった。

ここまでの期間は特に怒涛の日々であった。何が正しいのか、地域企業にはどんなことが必要なのかを軸に置きながら各地の金融機関を訪問し続けた。その結果としてBig Advanceの開始から1年で9金融機関が集結した。Big Advanceの想いを最初に汲み取ってくれた9金融機関が世界を変えるためにつくってくれた土台だと思っている。横浜信用金庫の経営会議の際に鼻で笑われた全国展開がかたちとして表れ、身を結んできたと感じた瞬間であった。

この9金融機関で注目を集めたことの一つとして「地銀と信用金庫の連携」があった。大光銀行と長野銀行がBig Advanceに参画してくれたのである。

長野銀行の担当者・大目俊成氏と最初に出会ったのは2018年7月24日だった。私から直撃で電話をしてアポイントをとった。いつもながら最初に電話するときは必ず警戒される。大目氏も警戒しているような印象を受けたが、「おもしろそうなのでお話を聞きます」と言っていただき訪問が決まった。当日、最初は大目氏だけとの面談であったが途中で他部署の方を呼んできて、数名でのミーティングとなった。大目氏は話を聞いている途中から「これは銀行としてやるべきだ」と判断し、この段階で理解してもらったほうがよいと考えて他部署メンバーを呼んだと後々教えてくれた。この時すでに大目氏のなかではＢｉｇ Ａｄｖａｎｃｅ導入までのストーリーができあがっていたのだろう。非常にキャッチアップが早く、行動力・実現力が高い方である。大目氏に最初の段階でお会いできたことはＢｉｇ Ａｄｖａｎｃｅにとって幸運なことであった。そして、酒井英隆営業統括部長も加わり、導入の意思決定まで着実に社内調整を進めていただき、最後は頭取を含めた役員プレゼンを実施し決裁が下りた。私は信用金庫に勤務していたため銀行の頭取とお会いする機会はそれまでになく、長野銀行の最終プレゼンが初めて銀行の頭取と会話する機会となった。非常に緊張して臨んだプレゼンとなったが、頭取も私の緊張を感じ取ってくださったのか優しい言葉をいただきながらも、鋭い目線でプレゼンを聞いていただいた。多くの質問もいただいたが、真剣にＢｉｇ Ａｄｖａｎｃｅと向き合って決断をしようとしてくださっていることが伝わり、非常に光栄なことだった。そして、このプレゼンの後まもなくして正式に導入が決まった。大目氏の瞬間的な決断と行動力によって変革がもたらされた。こういう文化のある金融機関は今後もさまざまな良い取組みを、スピード感をもって実現していけるのだと思う。

大光銀行の担当者の水野光夫氏とお会いしたのは、２０１８年９月５日だった。長野銀行同様に電話でアポイントをとったが、最初に電話に出た方が水野氏だった。実はこの段階で水野氏はＢｉｇ Ａｄｖａｎｃｅの存在を知っていたという。そして興味をもっていただいており大光銀行として導入すべきだと考えていたそうだ。そんなことは知る由もなかったが、タイミングよく電話をして水野氏とつながることができた。

電話の段階で特段興味があるという明確な返事をいただいたわけではなかったが、電話した時の感覚で、何となく「話が進みそうだ」と感じていた。アポイント当日の9月5日は、午前中に新潟県の他の金融機関とのアポイントがあり、午後から大光銀行とのアポイントとなっていた。私は前日に新潟県に入る予定であったが、台風の影響で移動ができず、午前中のアポイントは事前に新潟県入りしていた加藤とココペリメンバーで訪問することになった。加藤は私に気を使ってくれて、午後も自分たちだけで大丈夫だと言ってくれたが、虫の知らせか大光銀行へは必ず行くべきだと感じて新潟へ向かった。そして水野氏と面談したところ、初回の面談からＢｉｇ Ａｄｖａｎｃｅに興味をもっていただいた。その後、水野氏を中心に地域産業支援部のメンバーとともに話が進展していったのだが、この地域産業支援部の雰囲気がとにかく素晴らしかった。メンバー全員が前向きで、銀行を変革させたい、地域を活性化させたいという想いをもっていた。

大光銀行は、２０１９年に東京商工リサーチが発表した「メインバンク調査」において、大光銀行を主力行とする取引先のうち、増収増益となった割合が37・35％と、全国の金融機関で第1位の数字を記録していた。地域産業支援部は取引先の業績向上などを専門的に支援する部署であり、全国1位になったのも地域産業支援部の力が大きかったと思われる。一般的に、金融機関では同じ部署であってもそれぞれの担当業務があり、お互いにあまり干渉し合わないことが多いように思う。しかし、大光銀行地域産業支援部はチーム一体となって業務に取り組んでいるという印象を受けた。Ｂｉｇ Ａｄｖａｎｃｅ導入前も導入後も、多くのメンバーが興味をもって自分事としてかかわっている。水野氏の人徳や部長・副部長の方針もあるのだろうが、こういうチームはやはり強い。そしてとにかく明るくパワフルである（ちなみにお酒も強い）。そういう普段からの雰囲気が取引先にも伝わっているのではないだろうか。取引先の代表者は百戦錬磨であるため、銀行の担当者をよく観察しているし資質を見抜く力を持ち合わせている。知識だけでは取引先や組織は動かない。チーム力やそこから生まれる明るさ、パワーなどが変革をもたらすのだと思う。全国1位の件に関して、当の本人たちは「そんな実感がない」と話していたが、これはチーム力がもたらす必然的な結果だったのだと感じている。

長野銀行と大光銀行のＢｉｇ Ａｄｖａｎｃｅ加入により、信用金庫だけではなく銀行も加わるプラットフォームとなった。両行の決断は、世の中を動かしたといっても過言ではない。同じ金融業界とはいえ、地銀、第二地銀、信用金庫、信用組合という業態の間にはやはり垣根があった。過去を振り返っても、他形態同士でのビジネス交流は一部ではあっただろうが、Ｂｉｇ Ａｄｖａｎｃｅのようなかたちで、銀行と信用金庫が連携して、地域の枠を超えてまでビジネスを展開していくものはなかった。

しかし、取引先ベースで考えるといままでの図式には違和感があった。たとえば、トヨタ自動車などの大手企業はメガバンクがメインバンクになるだろう。しかしトヨタ自動車は、自動車を生産するにあたり、多くの自動車部品などを製造する関連企業と取引を行っている。関連企業のなかには地銀がメインバンクの企業もあれば、第二地銀、信用金庫、信用組合がメインバンクになっている企業もあるだろう。取引先はメガバンクであろうが地銀であろうが信用金庫であろうが関係なくネットワークを構築している。この図式はトヨタに限らずそのほかの業界にもおおむね当てはまる。スーパーマーケットで店頭に並んでいる商品はすべてメガバンクの取引先が生産したものではない。スーパーマーケットのバイヤーには良い商品、サービスを見つけ出して消費者に提供することが当然徹底されていて、そこには大企業が生産したからという判断軸はない。良いものであれば企業の規模は関係なく同列で取り扱われるのが通常である。一方で金融機関はそうした風習がなかった。地銀は地銀同士、信用金庫は信用金庫同士という大きな垣根があった。取引先はそうした垣根がないにもかかわらず、金融機関には存在していること自体が取引先に対して制約を与えている。トヨタやサントリーのメインバンクはメガバンクだが、それでは信用金庫が取引を行っている企業の技術を求めていないか、と言われれば求めているだろう。しかしながら、金融業界自体が業態による垣根が高いため、大企業が中小企業の技術を知る機会や中小企業が大企業へ技術をアピールする機会などが創出されにくい状態にあった。そのことが日本の産業革命やイノベーションを阻害していたとも考えられる。どこに産業革命のヒントが隠されているかわからないしイノベーションにつながる技術があるのかなどは予想しえない。日本の金融業界の構造がイノベーションの機会損失を生んでいた可能性は十二分に考えられる。地銀と信用金庫が連携することによって新たなイノベーションが生まれるはずである。金融機関が垣根を超えて連合体をつくることによって大きな成果を生むと信じている。そうしたきっかけを決断していただいた長野銀行と大光銀行には大きな敬意を払うべきだと感じている。

愛知県の安城市に本店を置く碧海信用金庫も印象深い。碧海信用金庫には、信用金庫業界ではいろいろな取組みを行っている先進的なイメージをもっていた。そのため全国展開のなかでも早めにアプローチをした。期待を高めて2018年5月30日に初訪問したが、「うちの文化ではむずかしい」と言われ、その場で玉砕した。期待値が高かっただけにショックも大きく、まだ全国展開の初期段階だったとはいえ、先が思いやられるなと強く感じた出来事であった。一方で、勝手なイメージではあるが、碧海信用金庫は先進的であると思っていたので結果に納得感がなかった。モヤモヤした気持ちをもっていたある日、ある方から碧海信用金庫の上層部を紹介しようかという話をいただいた。「ぜひお願いします」と回答し2018年8月に再度訪問することになった。そこでお会いしたのが神野修一副理事長（当時は常務）だ。大変気さくな方で横浜信用金庫の担当者クラスである私を笑顔で迎えてくれた。そしてプレゼン実施後、すぐに担当者を決めていただき、導入に向けて検討するようにと指示を出していただいた。担当に指名されたのが近藤貴志氏だった。そして近藤氏は長澤洋一営業本部長（当時は副本部長）総合企画部の水野嘉大氏を巻き込み、すごい勢いで導入決裁まで進めていった。やはり先進的な信用金庫というイメージは間違っていなかった。水野氏はいろいろなアイデアをもち、それを具現化する力を持ち合わせている。アイデアも金融機関の枠にとらわれずに幅広い視野で検討している。「金融機関、信用金庫だから」という感覚ではなく、「地域のために、世の中のために何が必要なのか」という軸で考えているように感じる。たとえば、「へきしんアプリ」というスマートフォン向けのアプリが特徴的で、地域クーポン会社と連携して、地域の商店や飲食店などのクーポンと、碧海信用金庫で口座をもつ個人をつないで取引先の売上増加を支援するなど、地域活性化に向けた取組みを積極的に行っている。神野副理事長の決断と最適な人材投入によりB·i g A d v a n c eの導入が決まり、そのほかの取組みもスピード感をもって今後も進んでいくのだと思われる。やはり上層部の決断は企業文化を良化する。

また、碧海信用金庫では、1回目の訪問では見事に玉砕したが諦めずにチャレンジしたことで成果をあげることができた。金融機関はセクションが分かれているため「だれに会うか」が導入に向けて重要となる。担当者ではない方とお会いしてもなかなか理解が進まないケースはかなり多い。しかし、最初から担当者やキーマンを見つけることは不可能である。人事部向けのサービスを扱っていれば間違いなく人事部か人事担当役員がターゲットになるが、Ｂｉｇ Ａｄｖａｎｃｅのように企業によって担当部署が異なるサービス・商品の場合はまずは飛び込み営業に近いかたちでアタックすることが重要だと私は思っている（ちなみにＢｉｇ Ａｄｖａｎｃｅは業績推進系の部署が担当する場合やコンサルティングを行う部署が担当する場合など金融機関によってさまざまである）。一般的に飛び込み営業はネガティブなイメージをもたれており非効率であるといわれている。私自身もそのことを否定しないし、できるならば最初からキーマンとお会いしたい。しかし、現実はそうはうまく行かない。成果を出したければ、まずはどんなかたちでもよいのでコンタクトをとって、相手の体制がわからない以上、それを聞き出すステップが必要となる。ＢｉｇＡｄｖａｎｃｅは正しく理解してもらえれば金融機関や取引先にとって有益だと感じてもらえる。だからこそ、導入に向けて旗振りができる方にいかに会えるかが重要になる。２００以上の金融機関にお伺いしていきなりキーマンに会えたケースはまれである。だいたい１００回チャレンジして95回は失敗する。しかし、初回の失敗を活かすことが大事であり、私はキーマンを明確にすることを初回訪問での必須課題としている。碧海信用金庫への営業活動ではその大事さを教えられた。それまでは最初に会った方が金融機関の答えだと思っていた。しかし、実際は担当セクションが明確に存在していて、それは案件ごとに変化するということも学んだ。

新規開拓の場合、１回目の訪問ですべてを決めようとしてはいけないし、１回目で決まるはずもない。1回目は情報収集を行うことが重要である。担当部署はどこか、キーマンはだれか、意思決定までどんなルートがあるのか、だれの意見が強いのか等々、ヒアリングすべきことはたくさんある。間違ってはいけないのが、1回目の訪問での先方の回答が最終回答ではないことである。部署や立場が変われば回答も当然変わる。どこの金融機関も相応の規模がありいろいろな方がいるので、正しいサービスを提供していれば必ず評価してくれる方がいる。いかに最短ルートでその方に会えるかを考えるのが、1回目の訪問の鉄則である。さらに補足すると、早い段階での紹介などによる役員クラスとの面談を私はお勧めしない。碧海信用金庫は、たまたま神野副理事長が現場担当者と近い関係性を構築されている方だったからこそ、現場の方にもBig Advanceの良さが伝わりコンセンサスがとれてスピード感をもって導入が決まった。しかし、他の金融機関では、役員クラスと早い段階でお会いしてもうまくいかないケースは多い。組織が相応の規模があるだけにボトムアップで案件が決まることが多々あり、過度なトップダウンはあまり機能しないことが理由だと感じている。上から降ってきた案件ほど現場はやる気を失くす可能性がある。そのため、私は担当部署の方に必ずコンセンサスをとってから役員プレゼンなどを依頼する。そのほうが導入していただいた後も良好な関係が構築できるはずだ。神野副理事長のように現場をよく理解されて現場も巻き込みながらオペレーションすることはかなりむずかしいことであり、まれなケースであろう。新規開拓の極意ではないが、いきなり金融機関のように大きな組織と相対する場合は（良質なサービスを提供することが大前提ではあるが）、いきなり役員クラスから攻め込むのではなく、担当者に良さを理解してもらい進めるほうが、導入後も考えるとよっぽど効率的かつ効果的である。そして最後は神野副理事長のような方が「決断」するというパターンにもっていくことが、お互いの将来にとって有益なのである。導入が決まっても現場がやろうとしなければ成果はあがらない。碧海信用金庫への営業活動ではこのようにいろいろな教訓を得た。

千葉信用金庫は、「まずはやってみよう」という文化があると感じた。Ｂｉｇ Ａｄｖａｎｃｅ導入にあたり、保科和彦常務理事、石橋英樹総合企画部長、岡野裕樹営業統括部副部長、小牧智営業統括部主任調査役が担当された。千葉信用金庫の大きな特徴は役員プレゼンを行わなかったことである。保科常務に対しても直接詳細なプレゼンを行っていない。あくまで石橋部長以下現場の担当者が良いと思うならやってみようという風土があると感じた。多くの金融機関では導入に至るまでさまざまな検討が必要となっている。千葉信用金庫内でもいろいろな検討があったかと思う。しかし、最初にお会いした岡野副部長や担当者である小牧氏もＢｉｇ Ａｄｖａｎｃｅ導入に向けてどこか自信がある雰囲気を当初より感じた。役員をはじめとする上層部の方針なのだろう。まずはやってみることが大事で、現場が良いと思うならチャレンジすることで成長を図ろう、トレンドをキャッチしようとする表れなのではないかと思う。チャレンジできることが多

いぶん、現場の業務量は増加して多忙を極める。小牧氏はＢｉｇ Ａｄｖａｎｃｅ導入時から本部事務局を1人で担当している。その他業務も兼任しているため常に多忙であることはすぐに見て取れる状態である。そのなかでもいろいろな取組みにチャレンジして、時間をつくる工夫もしている。自身で生産性を上げるための努力や工夫を行うことで多くの業務に対応しようする。小牧氏の能力や素質から来るものであるが、それを引っ張っているのは組織文化なのだとも感じる。「まずはやってみよう」という風土は一定の権限移譲に近い。考えが具現化しやすい環境は、新たな考えを生む。何をするにも時間と手間と精神的負担がかかる組織文化では新しい考えは生まれにくいだろう。「まずはやってみよう」という組織文化は新しいアイデアを創出し、新しい工夫を生む。仕事の生産性は上がり、何よりも根本的

に生まれるのは仕事へのモチベーションである。そして良い意味での競争心も芽生えて相乗効果がさまざまなところで発生する。

前述したとおり私の部下に対する方針は「ホウレンソウの徹底」のみである。そのほかのルールはない。自走できる人間になってほしい、たくさんのアイデアを創出してほしいなどさまざまな願いやねらいがあるが、あくまで「ホウレンソウの徹底」が基盤になっている。なぜホウレンソウを重視するかというと、そこで軌道修正も可能になるからである。「ホウレンソウの徹底」が部下の行動を規制することもありうる。「まずはやってみよう」という雰囲気をどこまで出せていたか振り返ってみると反省する部分もあったように思える。千葉信用金庫の「まずはやってみよう」という組織文化は非常に学ぶ点が多かった。さらに経営層も部下の意見を尊重して、外部からのプレゼンよりも部下からのプレゼンを重視して決定した点など、私が担当であれば非常にやりがいを感じる。何事にも慎重を期して物事を「判断」する体制ではなく、やってみてから決断するという金融機関は全国を見渡してもなかなか存在しない。こうした企業文化がある千葉信用金庫は今後もトライアンドエラーを重ねて、大きな成果をあげていくのだろうと感じている。

地域金融機関はまだまだ生き残れる

2018年5月にスタートした全国展開も本書執筆時点ですでに2年半以上が経過する。スタートした当時はだれにも相手にされない日々が続き、心も折れそうになったことが何度もあった。前述のとおり、批判的な意見も多く、驚くような声も多く聞こえた。しかし、ここ1年で金融機関が大きく変わってきたと肌で感じている。静清信用金庫のお陰で全国展開に弾みがつき他金融機関のBig Advanceをみる目が変わってきたという側面もあるのかもしれないが、その他にも「変革」を強く意識する金融機関が増えてきていると感じる。また、銀行と信用金庫などの業界の垣根もなくなってきている。まだ地銀の取引先は地銀とマッチングしたほうがよいという偏った考えを聞くこともあるが、実際には地銀の取引先は信用金庫の取引先情報を潜在的には求めていることが理解されるようになってきた。金融機関も競合ではなく協調すべきであるという声も多くあがり、有償マッチングを強化したいからＢｉｇ Ａｄｖａｎｃｅを検討するという理解しがたい金融機関もかなり減ってきた。主語が「地域」や「取引先」にシフトしてきていると感じている。現場レベルまで浸透しているかといわれるとまだまだ課題は多いかもしれないが、少なくとも本部は変わってきているような雰囲気がある。Ｂｉｇ Ａｄｖａｎｃｅの全国展開を進めるにあたり、特に印象に残った金融機関を簡単ではあるが紹介したい。

東京都に本店を置く東日本銀行は、意思決定までのスピードが異常といえるほど早かった。初めて東日本銀行を訪問したのは、２０１９年5月16日だった。そこでＢｉｇ Ａｄｖａｎｃｅの初回プレゼンを行ったのだが、5月31日には導入するという組織決定がなされていた。プレゼン当日を含めても、わずか12営業日である。後にも先にもこの記録はおそらく破られないだろう。5月16日の初訪問以前にいろいろとＢｉｇ Ａｄｖａｎｃｅについて調査はしていたようであるが、それにしてもすさまじいスピード感であった。さらに、一度しか訪問していないというのも過去最小記録である（これもおそらく上回るところは出ないだろう）。良いもの、やるべきものだと感じれば、検討に時間を費やすことに何の意味もないという考えである。組織であるためガバナンスは必要であるが、ガバナンスは検討時間を長くすることで機能するものではない。Ｂｉｇ

Ａｄｖａｎｃｅが億単位でコストがかかるものであればさすがに検討時間はもっと長かっただろう。コストとリスクを勘案して、どの程度のガバナンスが必要かを適切に見極めて決断ができているからこそのスピード感だと考えられる。Ｂｉｇ Ａｄｖａｎｃｅは、金融機関にとっては黒字化しやすい事業であるため、収支リスクはほぼ考える必要はないはずである。万が一赤字となった場合でも経営に大きな影響を与えるレベル感ではない。ではどこを検討するべきかというと、「取引先に有用か否か」という点である。まれに「うちの金融機関が使いこなせるか心配」という意見が出る金融機関もある。そして使いこなせるかの検証を始める。どこに答えがあるのだろうかといつも疑問に思う。取引先に有用であれば使いこなすべきであり、使いこなせるかどうかはみればすぐにわかる。そもそもＢｉｇ ＡｄｖａｎｃｅはＵＩ／ＵＸが特に優れていると自負している。簡単に使えるようになることは画面をみれば明らかであり、後は使うかどうかだけである。これは慣れの問題であり、使うための行動を起こせばよい。取引先にとって有用であるものを使わないという選択肢をとることの考え自体に疑問をもってほしい。東日本銀行としても営業担当がいままでやってきたものではないことであるから多少の時間はかかるだろうと思っていたが、取引先にとって有用であり、結果として銀行にとっても有用であるからやるべきだと決断をした。また、Ｈｉｇａｓｈｉ Ｎｉｐｐｏｎ Ｂｉｇ Ａｄｖａｎｃｅはスタート以来ハイペースで登録企業が増加している。登録企業を増加させるだけではなく、さらなる活用を促す施策へとフェーズは進んでいる。意思決定が早い組織は現場の動きも比例して早い。ＰＤＣＡサイクルを回すペースも早いのだろう。日次でＰＤＣＡサイクルを回せば、週次で回す場合に比べて単純計算でも5倍のスピードで進化していく。5倍の課題と効果を具現化することが可能になる。金融機関に限らず、企業経営はスピードが非常に重要な要素である。意思決定が早くできる組織は現場のスピード感も比例して成果を出すことができる。それを東日本銀行はいままさに体現している。ここ数年苦戦していると思われていたかもしれないが実態は違う。地域や取引先のためにさまざまな施策を驚異的なスピードで今後も打ち立てていくだろう。現場にもさらに浸透していき、いまだかつてないスピード感をもった金融機関になっていくと感じている。

岐阜県多治見市に本店を構える東濃信用金庫も意思決定までのスピードが早かった。そして、Ｂｉｇ Ａｄｖａｎｃｅのサービススタートからも勢いを保ち活性化を図っている。その中心にいるのが木股秀輔氏である。木股氏はＢｉｇ Ａｄｖａｎｃｅを最初にご案内した時から「これは絶対に導入する」と公言していた。さらに、導入後のイメージもその時点ですでに描いているように感じた。年齢は30代であり金融機関の本部組織では若手といえる。若手にもかかわらず、わずかな期間で部内をまとめあげ、すぐに役員プレゼンの場を提供していただき導入決定に至った。Ｂｉｇ Ａｄｖａｎｃｅを使ってさらに東濃信用金庫を発展させていこうという熱意と、臆せずに声をあげて案件を実現化していくパワーに驚かされたことを覚えている。また、その若手の意見を受け入れていこうとする役員や上席のスタンスも素晴らしいと感じた。若手の意見を汲み入れて東濃信用金庫をより良くしていこうとする姿勢が上席にあるからこそ、チャレンジできる土壌が若手に自然と与えられるようになる。東濃信用金庫からはそうした組織としての理想像を学ばせていただいた。木股氏は上席の前でも堂々と自らの意見を発して、上席はそれを肯定的にとらえる。そして彼がそこまで言うなら託してみようという雰囲気を感じた。もちろん、これは私が勝手に感じた印象であり実際のところはわからない。上席の方々もいろいろな角度から判断や決断をしているはずである。ただ、結果としてサービススタート後も、木股氏がリーダーシップを発揮しながら営業店に対してさまざまな施策を伝授して、当初の想定を超えた成果を出している。これは、木股氏自身の努力や能力の賜物である一方で、それを発揮できる環境が東濃信用金庫には存在するからだと思う。将来にわたり活躍できる人材が育つ環境を東濃信用金庫の体制や文化がつくりあげている。若いうちにリーダーシップを発揮して、熱い想いをもって自社全体を動かした経験は必ず将来に活かされるはずである。こうした人材がいて、その人材の能力を十分に発揮できる環境を用意することで持続的な成長を実現するはずだ。

和歌山県に本店を構える紀陽銀行も印象深い。Ｂｉｇ Ａｄｖａｎｃｅはビジネスマッチングサービスと誤解を招くことが多い。たしかにビジネスマッチングはコア機能の一つである。しかしビジネスマッチングだけでは企業支援はできない。多岐にわたる経営課題に対応する必要がある。本来金融機関が行うべき企業支援のほんの一部だけではいずれ限界が来ることは明らかである。そのためBig Advanceはさまざまな機能を搭載している。さらに機能は今後も時代の流れに先駆けて追加していく。地域企業と金融機関との間にある「あるべき姿」を実現するため、Big Advanceを通じて時代に先駆けたサービス提供を今後も行っていきたいと考えている。

そうしたサービス提供の根幹にあるものが「チャット機能」だ。地域企業と金融機関の関係性はコミュニケーション量に比例する部分がある。「量×質」という構図になるが、コミュニケーション量は取引先に安心感を与えることは間違いない。さらに接点が増えることによって取引先を知る機会が増加してより良いサービスの提供につながる。そのコミュニケーション量は対面でも非対面でも有効である。そして質を上げていく要素としてはBig Advanceを利用することが当てはまる。いままでは対面と電話（一部メール）だけであったコミュニケーション方法にチャットを加えることによって、さらに活性化を図ることが可能になるし、より多くの方と接点をもつことができるようになる。

紀陽銀行はこの点を早い段階から評価してくださった。紀陽銀行は和歌山県内の金融機関シェア率63・75％と、全国都道府県別で全国1位の高い水準となっている。和歌山県のインフラとして多くの企業や個人の方と接点を多くもつべきだという考えが強く、そして良質な金融サービスを提供することで地元が活性化して紀陽銀行もともに発展していくという確固たる想いがある。そうした考えからかチャット機能に着目していただき、さらにさまざまなコンテンツを擁するＢｉｇ Ａｄｖａｎｃｅに魅力を感じていただいていた。Ｂｉｇ Ａｄｖａｎｃｅが誕生した早期より多くの方々がＢｉｇ Ａｄｖａｎｃｅに賛同していただき導入決定に至った。担当していただいた方々は、まだ第一地銀導入行がないなかで検討を進めていたため、かなりのパワーを要したと思われる。しかし、地域に欠かせないインフラとしての意識が非常に強く、地域のお客様に対するあるべき姿を追求していくという方針に基づいたものとして評価してくださり、最終的には紀陽銀行内の多くの方の賛同を得て、導入が決定した。紀陽銀行の地域に対する責任感と熱い想いにより組織はまとまり、そして大きな成果や進化を遂げるのだろうと感じた。

名古屋銀行の藤原一朗頭取の俊敏なフットワークにも勉強させられた。従前より名古屋銀行へはアプローチしていたが、なかなか前進していなかった。ところがＢｉｇ Ａｄｖａｎｃｅの情報が藤原頭取の耳に入った途端に事態は動き出した。だが、決してトップダウンですべてを決めているわけではない。むしろ頭取が言っていることが必ずしも正しいわけではないと現場担当者は自らの意見をぶつけているように感じた。名古屋をはじめとする愛知県は全国唯一の第一地銀不在都道府県であり、金融戦国地域である。そのなかでも名古屋銀行は最大規模を誇り、存在感を発揮している。名古屋金利といわれる地域において適正な収益を維持しながら競合に太刀打ちするには相応の経営努力が必要である。そうしたむずかしい地域において存在感を発揮している要因が、頭取をはじめとする名古屋銀行全体の俊敏なフットワークにあるように感じた。そして何よりも頭取と行員の距離が近い。それも藤原頭取のフットワークから導き出される効果だと思う。頭取自身が自然になのか意図的なのかはわからないが、行員との距離感を縮める動きを実現している。ビジネスにおいて活性化を図るには「小口化」をすることが重要である。たとえば、企業の株式は株式市場という場所が生まれたことにより、小口化して購入することができるようになった。そしていまでは毎日多くの売買が行われるようになっている。不動産も小口化により多くの人が所有できるようになった。ビル1棟を所有することはむずかしくても区分所有であれば可能である。またREITも同じ思考から生まれている。オペレーティングリースも該当するし、クラウドファンディングなども今後はもっと勢いを増すだろう。小口化はモノだけに限らず、時間の小口化や距離の小口化も当てはまる。インターネットは最たる発明であり、情報の小口化というべきなのか、情報を得る時間と距離を小口化したことによりだれでも情報を収集しやすくなり大きな発展を生んだ。小口化による活性化の促進はさまざまな場面で表れる。スマートフォンも歴史をたどれば非常に大きい移動型電話からスタートしている。サブスクリプションビジネスも「小口化」の概念が入っているものが多い。単独でシステム投資を行うのはむずかしいが、利用権を小口化することで、ユーザーは比較的安価な定額料金を支払うことでサービスを利用できる。経済活動だけではなく生活環境において小口化がもたらす活性化は至るところにある。

名古屋銀行の事例で考えると、経営陣と現場の距離感が藤原頭取をはじめとする俊敏なフットワークにより小口化され、その結果として多くのコミュニケーションが生まれている。何回か私もミーティングに参加させていただいたが、とにかく意見が多く出てくる。一般的なミーティングだと、出席者の2割くらいの方が意見を言うだけである。Ｂｉｇ Ａｄｖａｎｃｅを中心となって検討している部署が司会進行を務めて意見を募るが、場合によってはだれも声をあげずに司会者が指名をしてからようやく意見を発するパターンも多い。名古屋銀行の場合は、司会進行役が意見を募る前から発言が始まる。一瞬のうちにそこら中で議論が始まり、だれが何を言っているのかすぐにわからなくなる。15名くらい参加するミーティングであったが、5グループぐらいが同時に議論するような状態である。それだけ真剣である証拠だといえるし、何よりも意見が言いやすい環境にあるからこそである。この状態は明日からやろうとしてもむずかしい。日々行員が意見を言いやすい環境にないとこうした状態はつくれないと思う。この文化こそが強みになる。私もよく部下には「意見を言わない＝何も考えていない」ということだと言っているが、それでもなかなか意見を言えない人間もいるし、少なからず忖度も生まれている。名古屋銀行は忖度も感じず言いたいことを言っている雰囲気があった。経営陣との距離感が縮まるとここまで意見交換が活発になるのかと大変勉強になった。関係性の距離を小口化したことによる素晴らしい成功事例だと感じている。意見が言いやすい環境は人々に自信をもたらし、そして新たな発想を生む。さらに俊敏なフットワークにより新たな行動も生む。このサイクルは銀行にとって大きな資産になる。何よりも意見が活発に出ている姿を藤原頭取が楽しそうにみている姿が印象的だった。

藤原頭取の俊敏なフットワークは名古屋銀行内だけではなく他の金融機関にも及んでいる。藤原頭取の取り計らいもあり第二地銀のイベントでBig Advanceの紹介をする機会を頂戴した。そのほかにもさまざまな応援をいただいている。垣根を超えて地域がつながり日本の活性化を実現しようと人一倍動いている方である。Big Advanceも藤原頭取のフットワークやスピード感に負けないように成長していかなければならない。

京都銀行には、バンカーとしての底力や能力の高さをみせつけられたことが印象に残っている。京都銀行は2019年6月にイノベーション・デジタル戦略部を設置し、銀行業務・金融サービスのイノベーションに向けた取組みを進めていた。それ以前よりコンタクトをとろうとしていたがなかなかうまくいかず、訪問ができない状態が続いていた。そんな折に運良く京都銀行の方とアポイントがとれて訪問することになった。Big Advanceの説明をしたところイノベーション・デジタル戦略部が対応すべき案件だとすぐに判断されつないでくれることになった。そして2019年12月20日に、イノベーション・デジタル戦略部の竹内理部長、岡島尚紀次長、石井千紘主任、竹路修一郎部員と初面談を行った。正直に言うと、それまでアポイントすらとれない状態が続いていたため期待値は低かった。ところが、思いの外ミーティングが盛り上がった。とにかく意見が前向きである。イノベーション・デジタル戦略部の全員がどのように業務やサービスのイノベーション・デジタル化を実現して地域貢献を達成するかを考え、早いテンポで議論をしていく。しっかりと取引先や地域を見据えて京都銀行として何をすべきか、何ができるのかという意見が次々と出てくる。私は約2時間のミーティングであっという間に京都銀行ファンになった。この人たちと今後も仕事をしていきたいと強く感じた。なぜファンになったかというと、まずゴールが明確である。ゴールは業務やサービスのイノベーション・デジタル化による地域活性化への貢献度を向上させることになるだろう。そしてＢｉｇ Ａｄｖａｎｃｅを活用してどう果たせるかを考え課題を抽出する。そのうえで有用かどうか決断をする。果たすべきこととＢｉｇ Ａｄｖａｎｃｅで提供できるサービスとの差異がある場合は調整できる点を探る。2時間の間にこうした議論がさまざまなポイントで超高速に繰り返された。2時間でいったい何回のＰＤＣＡサイクルを回したのか数えてみたいくらいに、ロジカルに献身的にミーティングが進んだ。このミーティングが終わった時に私は心地よさを感じてしまっていた。「今日は楽しかったなあ」と心の底から感じていた。

京都府には多くの日本を代表する企業が本社を構えている。任天堂や京セラ、村田製作所、島津製作所など多くの企業が存在している。観光名所もたくさんあるし、そもそも世界遺産になるような地域である。歴史も深い。そうした地域や企業群と他地域が結びつくことによって日本にもさらに多くのイノベーションが生まれるはずである。

京都銀行で行ったミーティングのスピード感や中身の濃さ、決断までの工程の少なさなどを振り返ると、おそらく、そこには京都銀行としてのイノベーション・デジタル戦略部への本気度が詰まっているのであろう。銀行全体としての本気度が高いからこそある程度の権限移譲ができあがっており、ゴールまでの最短距離を定めて議論を進めることが可能になるのだと感じている。ゴールが明確なだけに行動も調整も明確になる。そしてスピード感をもって事が進む。「イノベーションやデジタル化を考える」のではなく「実現する」というゴールがあるからこそ何をすべきかが明確になっている。その結果として、訪問から約1カ月後の2020年1月29日に発表されたデジタル基本戦略方針「デジタルコネクト」策定プレスリリースのなかに、施策第1段としてBig Advance導入が盛り込まれた。わずか1カ月でプレスリリースまでたどり着いたのである。年末年始を挟んだわずかな時間でチームのメンバー全員が一致団結して結果を出したようにみえた。ゴールを明確に定めて、それに向かってフルスロットルで進んでいく姿には魅了されてしまった。そして地域を活性化していく、取引先に喜んでもらうために何をすべきかで物事が進んでいく姿も魅力的である。きっと今後も次々と地域のためになる施策が打ち出されていき、強烈なパワーで成果を出していくのだと思う。イノベーション・デジタル戦略部のメンバーのみなさんは、このチームに携われていることが羨ましい。何より楽しそうに仕事をしている。私も少しでもよいので混ぜてほしいと勝手ながら思っている。

横浜銀行がＢｉｇ Ａｄｖａｎｃｅに加入した。これは画期的なことである。私としては歴史が動いたと感じている。横浜信用金庫が始めたＢｉｇ Ａｄｖａｎｃｅに横浜銀行が加入する図式であることに、歴史が動いたと感じているわけではない。同じ地域の銀行と信用金庫が垣根を超えて地域活性化のためにタッグを組むことを決断したことが、何よりも重要である。Ｂｉｇ Ａｄｖａｎｃｅの仕組みとして1企業1金融機関という原則がある（例外措置もある）。横浜信用金庫からすると独占的に運用できるＢｉｇ Ａｄｖａｎｃｅに横浜銀行が加入することにより、「競合」になるという見方もある。横浜銀行からすると後発となるため、営業推進上では少なからず支障が出る可能性は残る。しかし両者とも「協業」を選択した。この判断こそが歴史が動いた瞬間であると考える。いままでは競合することが多く、取った・取られたというシーンが少なからずあった。それは今後も一定数発生していくことは間違いない。しかし、想いの根幹は「地域活性化」なのである。ともに協力し合って地域活性化を実現していくことを、両社で再確認したのだと思う。横浜銀行は言うまでもなく地銀ナンバーワンの規模を誇る銀行である。地域でも存在感は際立っており多くの企業が横浜銀行と取引をしている。個人取引はさらに多く、横浜銀行の口座は神奈川県民約900万人のうち約600万人が保有しているといわれている。その存在感や資金力を考えれば、すでに他者が利用しているBig Advanceに加入するのではなく、自身で新たなプラットフォームをつくりあげることも可能である。真意はわからないが、一からつくるよりもせっかく地域にあるのだから、横浜信用金庫と連携することで地域貢献度が上がるという考えがあったと思われる。だからこそ導入を決断したのだと思う。地域活性化を主語で考えているからこそ、神奈川県や横浜を背負っている責任感があるからこそ選択できる決断に思える。私は横浜信用金庫で長く勤務していたため、横浜銀行には特別な感情を抱いている。時として競合となることもあったが、横浜銀行の取引先への取組みは素晴らしいと感じることも多々あり、地域の主要企業の大半は横浜銀行と深い取引があった。それに羨ましくもなり、自身のモチベーションを高めるきっかけになることも多かった。そして横浜銀行という企業に対する憧れもあった。横浜銀行という存在があったからこそ自身の成長にもつながったと思っている。横浜銀行の営業担当として地域を背負って活動してみたいと思ったこともある。その横浜銀行が地域活性化のためにBig Advance加入を決断してくれたことは大変嬉しく思っているし、何よりもどんな地域への効果があるか楽しみで仕方ない。地域金融機関が「協業」することによるイノベーションは計り知れない。地域企業にとっても必ずプラスになるはずである。閉ざされていた地域情報が連携されるだけでも価値がある。今後、さまざまなイノベーションを起こせるはずである。

一方で横浜信用金庫側の決断も素晴らしい。横浜信用金庫がココペリとともに開発したBig Advanceである。いままでの金融機関の感覚であれば独占しようとするだろう。しかし、横浜信用金庫は違った。横浜市内だけでも11万社を超える企業が存在する。横浜信用金庫だけではその企業数をカバーするのは不可能である。であるならば、横浜銀行と協業し、多くの企業にBig Advanceへ加入してもらうことが地域活性化につながると判断したのである。この決断は簡単ではないと思う。横浜銀行は規模でいえば横浜信用金庫の10倍近い。そんな銀行と同じ土俵で争うことがはたして戦略として良いのかどうかと悩むのが普通である。しかし、横浜信用金庫のBig Advance事業担当常務である川本克巳は、横浜銀行加入に関して耳にした時、「ぜひ一緒にやりたい。地域にとってはそれが絶対良いに決まっている。素晴らしいことだ」と話していた。そして、「現場に誤解を与えないようにしっかりとBig Advanceの意義とみんなでやる意味を説明すること」を指示した。現場がどういう反応を起こすかをちゃんと想定して判断を行っていた。もちろん現場からは否定的な意見が出るだろう。最前線で戦っている営業店からすれば他の金融機関が取り扱っていないBig Advanceは良い営業ツールになる。批判が出ることは折込みずみで川本は決断を即座にしたのである。私は嬉しかった。Ｂｉｇ Ａｄｖａｎｃｅに込めた想いは横浜信用金庫を良くするものではない。地域活性化を実現したいと思って一生懸命開発したのである。それを川本は理解してくれていた。そして当たり前のように横浜銀行の意向を喜んでくれた。当然リスクもあると頭をよぎったはずである。しかし、それ以上の地域への波及効果があると感じて川本も喜んだのである。

横浜銀行も横浜信用金庫もそれぞれの思惑があるとは思う。しかし協業することによるメリットをお互いに選択したことの意義は果てしなく大きい。Ｂｉｇ　Ａｄｖａｎｃｅだけではなく、今後もさまざまな部分で連携すべきだと思う。同じ金融機関とはいえ、それぞれ得意分野は違う。良い意味で補完関係にあるため、連携することによる地域への波及効果は非常に大きくなる。そんな世界へのきっかけにＢｉｇ Ａｄｖａｎｃｅがなれたらと思っている。だからこそ、Ｂｉｇ Ａｄｖａｎｃｅをもっと成長させなくてはならない。

もっと紹介したい金融機関の事例はあるが、すべてに共通していえることは、顧客本位に変わってきているという実感があるということである。金融庁をはじめとする外部からも、内部でも、さまざまな方々によって顧客本位が植え付けられていて、その効果が出てきているということだと思う。Ｂｉｇ Ａｄｖａｎｃｅもその一端を担えているとしたら光栄なことである。

地域金融機関の最大の強みは取引先との距離感、すなわち地域との距離である。地域金融機関の営業担当を合計するとどの企業の営業人員と比較しても国内最大級の人員数を誇ることになる。その営業人員が集合体となり、さらにＩＴと融合することにより多くの成果を地域に還元することが可能になる。Ｂｉｇ Ａｄｖａｎｃｅを通じて全金融機関がつながる世界がつくれれば日本は活性化するだろう。そうした状態をつくればいずれ出現するかもしれないアマゾン銀行にも必ず勝てる。テクノロジー銀行にはできないことが実現できるようになる。優秀なバンカーと地域資源が重なり合うことで地方創生は加速する。それが日本全体に広がってほしい。そして、正しいことを続けていけば必ず地域金融機関は生き残れる。地域を活性化しようという熱い想いをもった優秀なバンカーが取引先とともに歩む。これはテクノロジー銀行にはできない。

第5章

アマゾン銀行に対抗する

ココペリへの移籍

先述したとおり、2019年1月7日、全国展開第1号となる静清信用金庫の「Seishin Big Advance」は、多くの関係者の努力により無事にスタートした。ここからがBig Advanceの第2フェーズスタートであると、気持ちをさらに高めていた。そのためには「Seishin Big Advance」を必ず成功させなくてはならない。そして、さらに多くの金融機関に参画してもらうことで、横浜信用金庫と静清信用金庫への恩返しになるし、もちろん日本が活性化していくと考えていた。しかし、この時点で問題が1つ発生していた。当時横浜信用金庫に所属していた私は、情報取扱いの観点から「Seishin Big Advance」のスタート後の運用にかかわることができなかった。運用状況を他の金融機関に所属する私が知るわけにはいかず、ましてや顧客情報も含まれている。「Seishin Big Advance」は事務局の佐野氏を中心にしっかりと体制を組んでいたため、私がお手伝いをする必要はなかったともいえる。しかし、導入までのアプローチを行っているにもかかわらず、導入後に関しては携われないというのはいかがなものなのだろうか。今後全国展開を進めていくにあたり運用後を把握できない私がプレゼンをしても説得力があるのだろうか。さまざまな部分で支障が出てくるだろうと思いながら考えがまとまらずにいた。そんななかで静清信用金庫導入決定の効果もあり、次々とBig Advance導入が決定していった。3月13日には9金融機関で合同記者会見を開催することも決まった。導入決定が増えれば増えるほど悩みは深くなり、9金融機関に限らずその後も導入が決まりそうな金融機関も見込める状況であった。

横浜信用金庫には、新卒で入社してから約19年勤務していた。途中何度も転職を考えたことがあったが、結局は横浜信用金庫での仕事が好きで立ち止まっていた。大学時代に工場でのアルバイトを経験して、経営者を応援できるような仕事に携わりたいと思い入社した横浜信用金庫であったが、その時の決断は間違っていなかったと思う。多くの経営者とお会いして、多くの学びを得ることができた。19年間で約3000社の企業の方とお会いした経験は私の財産になっている。

また、社内でもかなり恵まれた環境にあった。言いたいことを言える環境をつくってくれた上司は多くのチャレンジの機会も与えてくれた。そもそもBig Advanceをスタートできたのも横浜信用金庫のお陰である。通常であれば企画時点でストップがかかっていたかもしれない。リーマンショックの時には本店営業部の副課長として最前線に立たせてもらった。若くして、横浜信用金庫の課長職で一番のハードワークといわれていた横浜西口支店の営業課長職にも任命していただいた。その後、業務推進部でも自由を与えていただき、いままでに前例のなかった活動に関しても容認してくれていた。何よりも横浜信用金庫には可愛い後輩がたくさんいる。ともに仕事をした後輩たちに加え、私は野球部の監督を長年務めていたことから、周囲に比べて後輩と接する機会が多かったと思う。その多くの後輩たちが成長していく姿をみるのが何よりも嬉しいことだった。いまでも彼らが活躍しているかどうか気になるし、活躍していると耳にすると自分のこと以上に嬉しくなる。恵まれた環境を用意し、私の基礎をつくってくれた横浜信用金庫には感謝している。一方で、Ｂｉｇ Ａｄｖａｎｃｅの成長速度が上がってきている。今後どうするべきか何かしらの決断をする時期になっていた。

悩みに悩んだ末に私が出した答えは「独立起業」であった。Ｂｉｇ Ａｄｖａｎｃｅをさらに成長させていくには、横浜信用金庫に所属する立場では限界がある。Ｂｉｇ Ａｄｖａｎｃｅを成長させることが横浜信用金庫への恩返しになると考えた。Ｂｉｇ Ａｄｖａｎｃｅ事業を大きくしていくことに集中しようと決めたのである。だからといってココペリへ移籍するというわけにもいかない。それはココペリの代表である近藤も受け入れがたいと思っていたはずである。近藤もある程度、横浜信用金庫での私の立ち位置を理解していただろうから、ココペリが引き抜いたと思われたくないはずである。横浜信用金庫とは一生のビジネスパートナーでいたいし、ココペリにとってもそのほうが有益であることは間違いない。私としてもココペリに迷惑をかけるわけにはいかない。独立後は、Ｂｉｇ Ａｄｖａｎｃｅに携わりながら別事業も立ち上げて頑張っていこうと考えていた。リスクはあるし不安は大きかったが楽しみでもあった。幸いなことに応援してくれる方々もいて多少なりとも仕事が入ってきそうな状況にあった。近藤にも意向を伝えると、引き続きＢｉｇ Ａｄｖａｎｃｅに携わってほしいと言ってくれた。そうした周囲の支えもあり最終的には「起業」を決意した。そしてその旨を直属の担当常務である川本に伝えた。単刀直入に「起業するので退職します」と伝えると、川本は少し驚いたようすだったがすぐに「ココペリに入社できないのか？」と質問をしてきた。真意は定かではないが、川本はすぐに私がずっと苦悩していたことを察知したのだろう。本当は私が何をしたいのか、Ｂｉｇ Ａｄｖａｎｃｅをどうしたいのか、どんな経緯や考えで起業という選択肢を選んだのか、川本には私の考えが手に取るようにわかったのだろう。そして退職自体も止められないと即座に判断して、そうであれば私にとって最良の選択肢を応援しようと決断してくれたのだと思う。起業もよいがリスクを伴う。この時点で私がどうするべきかを瞬時に見極めた結果、「ココペリに行け」というメッセージを与えてくれたのだと感じている。

Ｂｉｇ Ａｄｖａｎｃｅの事業を進めるにあたり、横浜信用金庫経営陣には本当に感謝の思いでいっぱいである。担当常務に川本がいて、Ｂｉｇ Ａｄｖａｎｃｅをともに立ち上げた大地も常務に昇格していた。融資部などを担当にもつ中嶋邦安常務は横浜西口支店時の支店長であり、私のことを理解してくれる人だった。そして大前理事長も温かい方で、私の退職が決まった後お会いした時も「残念ですが頑張ってくださいと」と声をかけてくれた。また、退職日となった2019年3月31日には大地が大前理事長へ挨拶する機会をつくってくれて、直接最後の挨拶をさせていただいた。その際も「Big Advanceを進めてくれてありがとう」と言っていただいた。私からすれば、あの役員会議の時に大前理事長によるひと言がなければBig Advanceは存在していなかった。この時、背中を押してくれた経営陣のためにも私は頑張り続けなくてはならない。

そうした経緯があり、近藤へ相談したところ入社を受け入れてくれた。そして2019年4月1日にココペリへ移籍することになった。同時に、当初の予定どおり自身の会社も立ち上げたため、いろいろなことをやってみたいと思っていたが、すぐにBig Advance事業で忙しくなり、いまではBig Advanceに集中する毎日になっている。これもきっと川本へ起業しますと伝えた時に、川本にはみえていた姿なのかもしれない。

こうしてBig Advanceをさらに拡大する体制が整い「アマゾン銀行に対抗する」というさらなるミッションへの挑戦が始まった。

Amazonプライム

Big Advanceの思想はAmazonプライムに近い。Big Advanceは金融のサブスクリプションモデルとしても注目されているが、前述のとおりもともとは無料提供すべきという議論があった。私のなかでこだわりがあり、無料では必ず廃れる・使われない・機能向上に目がいかない（投資もできない）・何よりフェアではない。良質なサービスは無料で受けられるものではない、という考えがあった。無料にする＝良質なサービスではないと自分たちで認めることになる。さらに言えば、無料にすることは料金をいただく自信がないだけであり、自分たちの「逃げ」でしかないとも感じていた。

一方で、「適正価格」の定義はむずかしい。そこで参考にしたのが「Amazonプライム」である。私もヘビーユーザーであるが、Amazonで購入した商品の配送量が無料になり、大量の動画や音楽が低価格で鑑賞できる。そして会費はわずか月500円なのだから、費用対効果は非常に大きい。

人の趣味嗜好は多種多様である。インターネットの普及により以前よりも情報収集が容易となり人々の好みは幅広くなった。限定的な趣味嗜好に特化して、ピンポイントにサービスを提供するものもあるが、Ａｍａｚｏｎプライムの場合は多くの人々に利用してもらうプラットフォームを構築している。彼らのビジョンである「地球上で最もお客様を大切にする企業」や「地球上で最も豊富な品揃え」がサービスに表れている。多くの方に利用してもらい、多くの方に興味や満足感を抱いてもらうための仕組みを構築している。Ｂｉｇ Ａｄｖａｎｃｅも同じ思想をもっている。企業経営を行ううえで必要なサービスをＢｉｇ Ａｄｖａｎｃｅに搭載しているが、まだまだ物足りないとは思っており、今後もさまざまな機能追加を予定しているが、現時点でもビジネスマッチングに限らずホームページが作成できたり専門家に相談ができたりチャットができたりする。ビジネスマッチングだけでは企業の課題に対する解決策を充足することはできない。それでは世界を変えることはできない。「本当にこれだけのサービスが使えて月３０００円なの？」と現時点でも言っていただくことがあるが、そうした感覚をより多くの企業にもっていただくことがわれわれの足元で目指すべき目標である。Ｂｉｇ Ａｄｖａｎｃｅを活用することでより多くの企業課題が解決でき、より多くの企業価値を生むことができる。そして価格面でもより安価で提供できるように企業努力を続けていく。価格を上げるのも技術が必要であるが、価格を下げるにも技術が必要である。われわれの挑戦は価格を引き下げる技術力を高めるところにあると考えている。技術力を最大限に駆使して、そしてプラットフォームとしての利点を活かしてユーザーに幸せを届ける。Ａｍａｚｏｎプライムで世界中の幸福度は確実に上がったと思う。Ｂｉｇ

Ａｄｖａｎｃｅも同様に金融サービス革命でより多くの企業や人々へ幸せを届けるものにしていきたい。

Ｆａｃｅ ｔｏ Ｆａｃｅがもたらすもの——地域金融機関は絶対になくならない

Ｂｉｇ Ａｄｖａｎｃｅは、Ａｍａｚｏｎプライムのように多くのサービスが利用できる。私はそのＢｉｇ Ａｄｖａｎｃｅが提供するサービスのなかでいちばん提供価値が高く重要な機能は、「金融機関」であると考えている。ビジネスマッチングや福利厚生、情報収集ではなく「金融機関」である。Ｂｉｇ ＡｄｖａｎｃｅのＵＩをみたことがある方は「どこにそんな機能があるのだ？」と思われるかもしれない。直接的な金融機関というボタンはない。「Ｂｉｇ Ａｄｖａｎｃｅを通じて金融機関が企業支援を行う」ことに一番の価値があると考えている。先にも触れたが金融業界は国内最大級の営業人員を抱えている業界である。そして取引先との距離感は非常に近い。Ｆａｃｅ ｔｏ Ｆａｃｅにより信頼関係を構築することが可能な基盤をすでに保有しており、企業経営に寄り添うことができる。ネット銀行がどこまで地域企業に寄り添えるかと考えると、なかなかむずかしいだろう。そこに地域金融機関の勝機がある。見方を変えれば、企業経営に寄り添うことを強化しないと、ネット銀行に勝てないのである。Ｂｉｇ Ａｄｖａｎｃｅはその架け橋となりうる。

地域企業にとって金融機関が常に寄り添ってくれているという実感をもてれば実に心強いだろう。Ｂｉｇ Ａｄｖａｎｃｅは金融機関が主体となって提供するサービスであり、ココペリはシステムを提供しているだけである。取引先からすると、Ｂｉｇ Ａｄｖａｎｃｅは金融機関とつながる場所となる。リアルな場だけではなく、Ｂｉｇ Ａｄｖａｎｃｅを通じて金融機関が寄り添ってくれるということは経営にとってプラスになる。そのため、私は金融機関がＢｉｇ Ａｄｖａｎｃｅのなかに存在していることが一番の提供価値だと考えている。ただし、それは正しいアプローチをしてこその提供価値である。企業側は、金融機関には資金供与だけでなく、情報提供やコンサルティング的な役割を期待している。２０１９年11月８日付で金融庁から発表された企業アンケートのなかでは、企業が金融機関に求める役割として、「取引先・販売先の紹介」「人材育成・従業員福祉」「M&A」「財務内容の改善支援」「事業計画策定支援」「経営人材紹介」などが上位を占めた。「保険商品の紹介」「投資・運用商品紹介」などは数パーセントにすぎなかった。金融機関の収益の柱は「融資業務」「金融商品の販売」「手数料業務」といわれる。ポイントは、その収益を得るまでのプロセスである。地域金融機関にとっての事業の柱は「地域活性化」である。それを果たすうえでの「融資業務」などが手段として存在している。金融商品の販売も

Q．取引金融機関から「提案を受けたいサービス」にはどのようなものがありますか。（複数回答可）

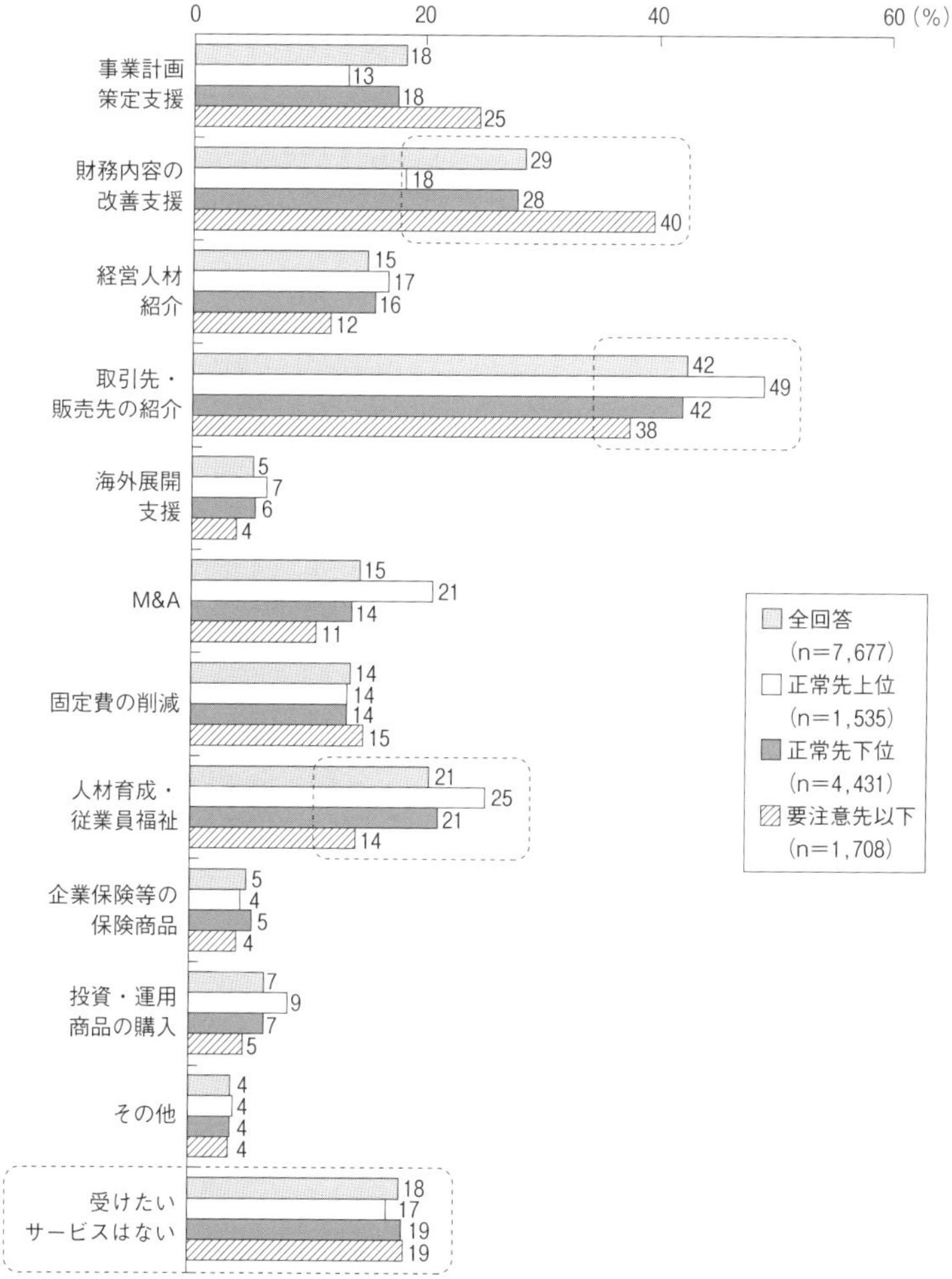

（資料）　金融庁

金融資産を増やすための手段として有用なのであろう。それらをプロダクトアウトで実現しているのか、マーケットインで実現しているかで大きく異なってくる。企業に寄り添い、課題やニーズをヒアリングしてあるべき姿を共有し、課題解決の手段として融資やその他のサービスを提供する。これができるのがＦａｃｅ ｔｏ Ｆａｃｅの最大の強みである。一方で、お願いセールスをはじめとするプロダクトアウト販売もＦａｃｅ ｔｏ Ｆａｃｅだからこそできる手法である。Ｆａｃｅ ｔｏ Ｆａｃｅは良くも悪くも金融機関にとっては強力な武器である。ネット銀行はこうした戦略はとれない。言い換えれば、Ｆａｃｅ ｔｏ Ｆａｃｅでお願いセールスを続けていると、ネット銀行のほうが「顧客に寄り添う銀行」になりかねない。半面、マーケットインを徹底してＦａｃｅ ｔｏ Ｆａｃｅで寄り添うことができればネット銀行には負けないだろう。いままさに、その選択を得られるか否かの転換期に差し掛かっている。Ｂｉｇ Ａｄｖａｎｃｅは、金融機関が取引先企業に寄り添う良い関係性を構築するための仕組みを構築している。今後、地域金融機関には金融機能だけではなく、経営サポート機能やコンサルティング機能がいま以上に求められるだろう。そうした状況に対応できるように、Ｂｉｇ ＡｄｖａｎｃｅはＡＩなどのテクノロジーを駆使してレベルアップを図っていく。そのＢｉｇ Ａｄｖａｎｃｅを金融機関と企業双方で利用していただくことで地域活性化へ貢献したいと考えている。それには金融機関の寄り添いが何よりも重要である。

先日、ココペリの入社面接を実施した時の話であるが、地方銀行で3年勤務している25歳の若者が面接を受けに来てくれた。そこでお願いセールスの話になり、その若者は「お願いセールスがなくなると金融機関の収益が減少するから避けられない」と答えた。答えを聞いて私は非常に残念な気持ちになったが、決してその若者が悪いわけではない。そういう考えをもたせてしまっている銀行文化に問題がある。入社してわずか3年でお願いセールスを許容してしまう雰囲気が醸成されていると思うと残念で仕方がない。面接を受けに来た若者も、入社した時は「地域を活性化するのだ」「企業支援を行いたい」と思っていたはずである。しかし3年後にはお願いセールスに対して疑問すらもたなくなる。いや、疑問はもっているがやらないと生き残れないと考えてしまっているという表現が正しいかもしれない。やはりこの悪しき文化は変えなくてはならない。

いずれやってくるかもしれないアマゾン銀行に対抗するうえでいちばん重要になるのは寄り添う力である。地域金融機関の事業の柱は「地域活性化」である。この柱がブレない限り地域金融機関は絶対になくならない。しかし、Face to Faceがもたらす事業リスクもしっかりと認識しなければならない。いままでは競合相手が同じ業界だったのである。隣の金融機関が競合で、同じようにお願いセールスを繰り広げていたから大きな問題には発展しなかった。しかし、時代は大きく変わっている。競合相手は隣の金融機関ではないことに早く気づかないといけない。競合はアマゾンなどのＧＡＦＡであり、テクノロジー銀行なのである。さらに、銀行と名前がつかない競合先が次々と出現している。たとえば○○ＰＡＹのような決済サービス事業者も競合なのである。彼らは金融機関の決済機能を奪うことに成功している。あっという間に地域金融機関の収益は奪われていくだろう。冷静になって考えてほしい。ここ数年、金融機関の収益は減少傾向にあるが、いったい隣の金融機関にどれくらいのものを奪われたのだろうか？

金融機関の収益減少には多くの要因が存在しているが、そのなかの一つとして企業側の情報収集手段が増加したこともあげられる。テクノロジーの発展により自社で情報を収集しやすくなり、金融機関がもってくる情報への判断力が増し、さらにはその情報に魅力を感じなくなった。その結果として、金融機関は独自性を出すことに苦戦して最終的には隣の金融機関との争いに勝つために自ら低金利競争に乗り出す。わかりやすくするために単純な書き方にしているが、実際に存在する話である。ここで肝心なことは、金利が下がった真の要因は隣の金融機関との競合ではないということである。取引先が求めるレベルの情報提供ができていないことが要因であり、その裏にはテクノロジーの進化がある。こうしたことはすでに何年も前から発生しているにもかかわらず、それに気づかず金利競争を繰り広げている。そして、先に述べたとおり、いまだに金融機関の現場にはインターネット環境が整備されていないことが多い。営業店に1台しかインターネットにつながるＰＣがないという金融機関が大半である（Ｂｉｇ　Ａｄｖａｎｃｅでは営業店に1台のPCでも運用可能であるが)。取引先との間にこの時点で情報格差が生まれてしまい、取引の価値を提供することができにくくなるのではないだろうか。低金利競争は金融機関自らが創出したものなのである。逆に、しっかりと企業と向き合い適正な情報提供や経営支援を行っていけば低金利競争には巻き込まれない。全国でもそうしたことを実現している金融機関は存在している。私が横浜信用金庫の営業店時代に低金利競争に巻き込まれた案件というものは、全体の1割程度であった。金利にこだわる企業もなかには存在しているため、そうしたケースはやむをえず低金利での対応をすることもあった。営業としての私の美学は、「融資稟議を起案する時まで金利の話が出ない営業」だった。金利にかかわらず融資相談が来る状態をつくることが重要であると考えていた。この状態をつくることはむずかしいといわれることが多いが、私の感覚ではどの金融機関もお願いセールスをしているため、自分自身が企業経営に寄り添うことができれば金利競争にはならないという確固たる自信があった。取引先と会話する時に融資の話はいっさいしない。経営戦略や課題の洗い出しなどを徹底的に行う。それを繰り返していると資金需要が発生した際には「ちょっと来てほしい」と電話がかかってくる。これが本来の金融機関が行うべき営業スタイルであると思う。かつての高度成長の時代は終わり、モノやサービスに対する価値観が変わっているいま、どんな業界でも営業スタイルは変わっているだろう。お願いセールスが通じてしまうのは過去の金融機関の営業だけである。

ニーズや課題をヒアリングしてその解決を行えば必ず本業の成果に結びつくはずである。金融機関の営業は特に、「経営全般」に携われるチャンスがある。特定のモノを扱う営業ではないため、幅広い知見や人間力が求められる。だからこそやりがいがある。これを融資や収益を「モノ」としてとらえて販売しにいくと一気に仕事はおもしろくなくなる。企業に寄り添って経営全般のお手伝いをして、そして最終的に本業収益を得るサイクルが本来のあり方である。そのサイクルさえ回せれば企業側の満足を得ることができる。ビジネスマッチング収益を主語で考えてしまっては取引先が離れていくだけなのである。Ｂｉｇ　Ａｄｖａｎｃｅはそうした幅広い知見を提供しやすく、幅広いニーズに応えられるように設計している。そうした場を用意すれば営業担当が企業に寄り添いやすくなるからである。Ａｍａｚｏｎプライムを意識しているのはこうした背景からである。そしてＢｉｇ　Ａｄｖａｎｃｅの最大のキーとなるのは「金融機関」なのである。

生まれ変わる勇気

アマゾン銀行に対抗するために、何より必要なことは「生まれ変わる勇気」である。これまでの金融機関ではお願いセールスやプロダクトアウトが主流になってきたことが問題であるが、店舗表彰制度や個人営業表彰などがその温床になっているとしたら変わっていかなくてはならない。成績至上主義からいかにして地域のためになることを行うか、地域企業のために動ける組織をつくりあげるかが重要である。これからは銀行の定義も変わるかもしれない。銀行の三大業務である「預金」「為替」「融資」という概念も崩れかかっている。よくいわれることであるが、日本企業は世界水準に比べて生産性が劣っている。その大きな要因としてIT化への対応が遅れていることがあげられている。さらに掘り下げると、地域企業のITリテラシーが著しく低い。そしてその要因は金融機関にあるという見解も最近では増えてきたと実感する。先日、金融庁の方とこの話をした時にも強く同調してくれた。本来であれば、経営支援を行うべき金融機関がIT化促進のお手伝いをすべきである。しかし、その重要な役割を担うはずの金融機関自体にIT化が進んでいない。繰り返しになるが、営業店に1台しかインターネット環境を備えたPCがないことは当たり前で、金融機関によっては0というところもある。そうした環境に至っている理由としていちばん多いのは、情報の流出を避けるためである。ほかにも、インターネットを入れない理由として「営業力が落ちる」「対面営業、足で稼ぐ営業が重要」と言ったところもあった。足で稼ぐ営業スタイルは理解できるが、そこにインターネット環境は関係ない。対面営業で何をするのだろうか。営業力が落ちるのはなぜだろうか。おそらく私が納得できる説明を受けることは今後もないだろう。いまや企業経営にとってＩＴ化は必須である。都市部だけでなく、特に人口減少が著しい地域においてはＩＴ化は避けられない。人手不足は常に解消されず継続的な経営が困難になる。そこで必要になるのが省力化を果たせる仕組みであったりＩＴ化であったりする。しかし、経営者たちもＩＴ化へのアレルギーがある方や、リテラシーが低い方は多い。やればできるのであろうが、そこに至るまでの情報が不足していたり、毛嫌いしていたりという状態である。そうした経営者を支援するのが金融機関の役割になる。金融機関は幅広い知識や知見が求められる企業である。企業のＩＴ化支援のきっかけをつくるくらいまでは推進しなければ、地域全体のＧＤＰが下がってしまうのである。それにもかかわらずインターネットすら使えない環境にある。感覚を変えないと金融機関だけが取り残される時代も来るかもしれない。地域のＩＴ化を推進するためにはまず社内から変わる必要があるだろう。

何事も変わろうとする意識と勇気だけが必要なのである。たとえば、ノルマを廃止して企業支援に寄与することに軸足を移すことは、経営陣としてはかなり勇気が必要だろう。しかし、将来を見据えると、今後もお願いセールスを続けていくことのほうが金融機関にとってはリスクである。ＩＴ化を進めなくては生産性を上げることはむずかしく、さまざまなＦｉｎＴｅｃｈ企業に収益を奪われていくだろう。さらに変わり方にも工夫はできる。現在のように投資信託の契約を獲得したら１００ポイント、融資1億円で50ポイントなどという獲得ベースではなく、取引先の業績が上がったら評価するなどの方法であれば、金融機関の果たすべき役割と成果体系が一致する。取引先の売上増加額や利益増加額をトリガーにしてみればよいのではないか。それこそノルマ必達という文化が根強い金融機関であれば取引先のために全力を尽くすだろう。そうすると地域に良質なサイクルが生まれる。企業に資金需要が発生したら、売上増加に貢献してくれた金融機関に必ず融資の申込みをするだろう。そこまで貢献してくれた金融機関を裏切るような企業とは取引をしないと言えるくらいのスタンスを保つべきである。こうした状態はある意味理想的な関係性であり、地域にとってもプラスに働くことが多いと思う。本気で生まれ変わろうとすればアイデアはたくさん出てくるはずである。

幸いなことに、現時点では多くの顧客基盤・データ・営業人員・信用などを金融機関は保有できている。多くの経営資源がすでにあるのだ。いまであれば豊富な経営資源を活用してさまざまな取組みができる。金融機関のなかにはノルマを廃止したり、訪問目標数を廃止したりと新しい動きが出てきている。生まれ変わろうと動き出している金融機関が増えていることは確かだ。しかし、収益減少に伴って販管費を抑制し、店舗展開を見直すことに着目している金融機関が多いように感じる。店舗展開は時代の流れではあるが、必要以上に販管費を抑制しているようにも感じる。やるべきことは目先のP／Lの改善ではなく、将来を見据えたビジネスモデルの正常化である。それには、自分たちが後れをとっていることを自覚して生まれ変わることが必要である。

何事も大きく変えるときは極端なことをすべきである。そうしないと金融機関のような大きい組織はなかなか変化がみえなくなる。生まれ変わる勇気をもって、まずは第一歩を踏み出す時である。

若い人の意見ほど重要

生まれ変わるために重要なポイントは「若者の意見」である。ＩＴ化が急速に進むなかで、デジタルネイティブの世代の意見は非常に重要である。私自身も、小学生や中高生に意見を聞くこともある。最近の小学生はＵＩに対する意見も厳しく、この画面は使いにくいなどと平然と言われてしまう。余計な気遣いや忖度がないので正直な意見が聞けるのもよい。10年後に社会人となる世代がどのように「いま」を過ごしているのかにヒントが多く詰まっているかもしれない。金融機関は20代が多く勤務している業界である。その20代がなかなか正直な意見を言えない環境にあると感じる。金融機関での業務は特殊で幅広いうえにルールが多いため、身につくまでに時間がかかる。会社に入りたての20代は業務を覚えている最中であるため、なかなか意見を言える状態にないのが実情である。しかし、勤務する企業に慣れてしまって、決められた業務をこなすことには長けているが新しい発想が出にくい社員に比べて、20代の社員は新しい意見をもたらしてくれる可能性が高いと感じている。さらに現状のようなＩＴ化を進めていかなくてはならない事業フェーズであれば、使う側の立場に近い若者の意見は重要になる。

Ｂｉｇ　Ａｄｖａｎｃｅの導入を金融機関内で検討する過程でよく発生する話であるが、担当者クラスの若手はキャッチアップが早く、機能やサービスも一を聞いて十を知ることができる。その後、リーダークラス、部長クラス、役員クラスへと意思決定を進めていくにあたり判断者の年齢が上がっていく。それに比例してキャッチアップの時間が遅くなり理解度も低くなることが多い。どうしてもビジネスマッチングサービスにこだわっていたり、対面営業がいらなくなると考えられてしまったりすることも比較的多い。結果的にはＢｉｇ　Ａｄｖａｎｃｅは20代を中心とした営業担当がヘビーユーザーになるのだが、機能や使い方をうまくキャッチアップできない上層部が意思決定を行っている状態に違和感を覚えることも多い。現場で利用する若者たちがやりたいと言っているにもかかわらず、ＩＴへの認識が劣る上層部が深く理解せずに話が頓挫する。この事象はＢｉｇ　Ａｄｖａｎｃｅにかかわらず、ＩＴサービス導入などのケースでは似たような状況になっているのだろう。金融機関によってはＩＴ戦略部門に若手を置くケースも出始めている。これは非常に重要なことだと思う。使い手は上層部ではなく若者なのである。その認識をもつことが組織として必要であり、ことＩＴ化に関しては若手の意見をどんどん取り入れるくらいのスタンスではないと、スピード感でアマゾン銀行に勝てない。

バンカーでよかった

横浜信用金庫での19年間は私にとって非常に有意義な時間であった。約3000社もの企業の経営者に出会える職業はほかにはなかなかない。経営者に限らず、従業員も含めると非常に多くの方々とお会いした。いただいた名刺は膨大な数になる。それだけ多くの「経営」に触れることができ、多くの仕事人たちと接していた。こうした環境があることはバンカーの大きな魅力である。経営者と接して、会社としてお金を稼ぐことがどれだけ大変なことなのか、身をもって教えていただいた。私は心から横浜信用金庫に入社してよかったと感じている。多くの経営者に出会えて、多くの方々と接することができ、地域とともに歩むことを実感できる、さらに地域への責任もある仕事は金融機関でしか味わえない。退職はしたものの、もう一度横浜信用金庫で働く機会があるならばモチベーションを高く保って成果を出し続ける自信もある。全国の金融機関で働く方々、特に若者たちにもそういう気持ちになってほしいと願っている。地域のために、お客様のために正しいことを行えばこれ以上ないやりがいのある仕事だと思う。ノルマを達成するためにお客様にお願いやパワーセールスを行う必要などない。自分の価値を下げてはいけない。地域に貢献するために金融機関に入社したことを思い出してほしい。ノルマを達成することが地域貢献ではないはずだ（そもそもこの話の前にノルマ設定に問題があるのだが）。

金融機関の職員は、企業経営者に経営の極意を学ぶことが他職種に比べて圧倒的に多い。そしてその極意には多くの知恵や経験が詰まっている。その話に耳を傾けるだけで非常に勉強になる。これを繰り返すことで成長が図れて、人間力が上がる。金融機関で働く方々はそのチャンスが目の前にあるのだ。私のなかでの人間力の定義は「社会貢献できる力」である。社会への影響力であったり、目の前の人をハッピーにする力であったり、すべてが社会貢献につながる。そのチャンスを物売りで逃してほしくない。耳を傾けて寄り添っていくことで経営者の人間力の源を共有して自身も成長していく。そんなことができるのがバンカーの魅力である。

第6章

地域金融機関の未来図

金融機関の定義が変わる

これまでの金融業界といえば銀行や信用金庫、信用組合、保険会社、証券会社等、業態は分かれているがプレイヤー自体は多くはなかった。しかし昨今のＦｉｎＴｅｃｈという潮流が出現して、より多くのプレイヤーが金融業界には集まってきた。１９９６年から始まった金融ビッグバン以上のイノベーションがいま起こっている。「金融機関とは何か？」という定義がいままさに変わろうとしている。「預金」「融資」「為替」の三大業務から、今後はコンサルティング業務が主軸になっていくだろう。言い方を変えれば、コンサルティング業務を主軸にしなければ真っ先に淘汰されていくことになる。

「金融資産を増やすアドバイス業務」「事業価値向上を果たすアドバイス業務」「地域活性化による資金流動化を図る業務」という役割がいま以上に求められることになるだろう。地域金融機関にとっては、これからは「地域活性化」が事業の軸となり役割が広がっていく。地域によっては深刻な少子高齢化が進行して過疎化が進んでいる。多くの地域で人口減少が社会問題となり、働き手が少なくなっているのが現状である。そのような状況でお客様に対してお願いセールスをしている場合ではないはずだ。これは私の地元横浜でもいえることである。横浜市が発表している将来人口推計では、2020年の373万人をピークに減少をたどっていく。人口減少に歯止めをかけることはむずかしいが、地域活性化を中心的に担うのは金融機関の役割であり使命である。金融機関が旗振り役となり地域活性化を推進することで、多くの企業やそこで勤務する従業員とその家族は恩恵を受けることになる。金融サービスを扱うのではなく、地域活性化サービスを扱うという感覚が必要なのかもしれない。本来であれば、ずっと前からそうなっていなくてはならなかったのだろう。いつからかお客様がお客様でなくなり、「見込み先」と呼ばれるようになった。その見込み先へプロダクトアウトでサービスを売り込んでいく。「見込み先」の選定方法が「お願いすれば契約してくれる先」となっているため、不必要な商品の契約を強いることになる。そうすると地域活性化は疎かになり、結果として金融機関の収益悪化を招くこととなる。金融機関における収益悪化は自らが招いた結果ともいえる。他の要素も当然あるだろうし、しっかりと地域に寄り添って地域活性化を念頭に収益をあげている金融機関も存在しているため、すべての金融機関を指しているわけではない。ただ、プロダクトアウト営業やお願いセールス、「見込み先リスト」などが営業現場で存在していることは事実である。こういう実態があるからこそ、多くのＦｉｎＴｅｃｈ企業が金融機関の収益を奪うことに成功しているのかもしれない。

こうした現状を変えていかなくてはならないし、まだ間に合うはずである。地域を活性化するための知見を蓄えて解析して、地域企業などに還元していくチャンスやデータはいくらでもある。中小企業の生産性が上がれば地域のＧＤＰが上がり必ず金融機関に還元される。仮にＦｉｎＴｅｃｈ企業による融資サービスの利率が金融機関の提示より低かったとしても、経営を直で支援してくれる金融機関を企業は選択するだろう。金融機関が企業に対して何かしらの価値を提供していれば、金利が多少競合他社より高くても受け入れてくれる企業が圧倒的に多いはずである。「金利競争になる＝価値を提供できていない」という考え方にもつながる。これからの金融機関は、地域企業の企業価値や生産性向上の支援を行い、地域活性化機関として存在していくことが重要である。この意識が醸成できればお願いセールスから脱却して、企業にとって、地域にとって有益なことに営業活動を集中させることが可能になる。

よりやりがいのある企業体へ

金融機関は情報が集積する場所である。金融機関をハブとしてさまざまな企業がつながっていく。さまざまなデータをテクノロジーの力で駆使し、それをもとに地域社会へ還元していき活性化を助長する企業体にこれからは変わっていくだろう。「口座をつくってください」「お金を借りてください」「投資信託を買ってください」という営業スタイルから「この情報は御社にとって有益です」「3年後の売上げを2倍にするためには他社の事例から比較すると人員が3名足りませんので採用活動を強化しましょう」など、こうしたセールストークが主流になっていく。

昨今、先々の不透明感もあり金融機関を志望する学生が減少している。さらには入社しても退職する人が後を絶たない。「今週中にカードローンの契約を10件取ってこい！」「株式会社○○へ行って1億円借りてもらうようにお願いしてこい！」といった環境では若者は辞めていく。ココペリにも最近では金融機関出身の入社希望者が増えてきた。私は面接も担当しているが、必ず金融機関に入社した理由と退職したい理由を確認する。ほぼ100％に近い割合で、「地域に貢献したいと思って地域金融機関に入社したいと考えていました。しかし、入社すると実態が大きくかけ離れていて、お願いセールスを強いられる環境でした」という回答が返ってくる。

私も横浜信用金庫を志望した理由は、大学時代に勤務していた食品工場の成長を経験して、そうした企業成長のお手伝いをしたいというものであった。どの若者たちもそうした希望をもって入社しているはずである（そう信じている）。いざ入社してみたら実態は企業の成長をお手伝いするのではなく、金融機関が売りたいものを売りにいく状況であれば希望や夢は崩れていく。これは至極当たり前の現象である。それに気づかずに「なぜ辞めるのだろう？　最近の若者たちは我慢が足りない」と言っているだけでは改善はされずに、入社希望者もさらに減っていくことになる。

金融機関のもつデータを駆使して営業活動を行い企業が成長していくのであれば、こんなやりがいのある職業はなかなか見当たらない。ましてや自分自身が育った地元への貢献度が高いとなればやりがいの賜物である。本来、金融機関という職場は、そうしたやりがいの詰まったところである。先述のとおり、地域活性化への意識醸成と既存意識の転換ができればやりがいのある企業体となり、組織自体も活き活きとした雰囲気を醸し出すだろう。そしてそれが地域企業や地域全体にまで影響を及ぼし好循環が生み出されるかもしれない。金融機関にはそういうポテンシャルがある。いち早く最先端テクノロジーを導入し、より有益な情報提供を継続してお客様に喜んでもらう企業体になってほしい。

データ活用と最新のテクノロジー

金融機関はデータの宝庫である。しかし、データを有効に使っているとはとてもではないが言える状況にはない。ITリテラシーと同様に、今日始めたら明日からうまく機能するわけではない。銀行融資の歴史と同じで、バブル崩壊で多額の不良債権を抱え、ようやく処理が終わったかと思ったらリーマンショックが発生した。失敗は必要なのである。データやテクノロジー活用も失敗を何度も繰り返して醸成させていくことが必要である。しかしながら、なかなか活用が進まない。理由はいくつかあるが、「活用方法がわからない」「失敗を恐れる」という2点が大きいように感じている。

融資業務の場合は金融機関の根幹業務であるため、ほぼ横並びで失敗を味わった。金融業界全体で成功と失敗を経験してきたといえる。しかしデータやテクノロジーの活用は違う。いままではもっていただけで活用ができていなかったため0からのスタートになる。経験したことがない業務であるため活用方法がわからないのは当たり前なのである。まずはやってみることから始めないといけない。最初の一歩目から成功させようとするから何も始まらないのである。こうした状況だからこそ、早く始めた金融機関から失敗を繰り返すチャンスが生まれて成功を得る可能性が高くなる。金融機関は失敗を悪とする風習が強い。しかしこれからは0からスタートすることが多くなる。答えがわかっているものはない。判断ではなく決断である。むやみやたらに調査して多額の時間と人件費を使い答えを求めていくことは、先にも述べたが甘えでしかない。たとえ失敗をしたとしても取り返しのつかないレベルなのかどうかを見極めて決断すればよいのである。いまがチャンスであることは間違いないし、データ活用と最新のテクノロジー活用をいち早く始めた金融機関が収益をあげることになるだろう。

FinTech企業にも言及すると、「金融機関の利益になります」というサービスをまれにみかける。金融機関に利益を出すことが必ずしも地域の活性化やお客様の利益につながらないサービスを提供しようとしているＦｉｎＴｅｃｈサービスをみかけるのであるが、正しいことは何なのかをもう一度考えてほしい。パワーセールスやプロダクトアウトを行っている金融機関の実態を理解せずに、単純に「金融機関の利益になる」だけでサービス提供を考えているようだと持続性があるサービスとはいえないだろう。

いろいろな場面で私は言わせてもらっているが、目の前のお客様のハッピーを目指すのではなくて、お客様のお客様をハッピーにすることを目指すべきである。数多くのＦｉｎＴｅｃｈ企業が存在しているが、結局はエンドユーザーが幸せになるかどうかなのである。「金融機関の収益があがるシステムです」、こんなことを謳い文句にすることが、本当に正しいのかをあらためて考えてほしい。エンドユーザーに認められない限り、ビジネスはうまくいかない。Ｂｉｇ　Ａｄｖａｎｃｅは、とことん中小企業のメリットを追求しようとしている。金融機関の利益を優先する考えはない。このスタンスこそが金融機関と協業していくうえでいちばん重要なのだと思う。われわれは未来永劫地域にとって必要なサービスを提供していく企業だと断言できる。そして地域金融機関と協業することで多くの方々にハッピーを届けることができると確信しているし、そうすることによって金融機関にとってのハッピーも提供できると考えている。Ｗｉｎ－Ｗｉｎ－Ｗｉｎや三方良しなどの言葉があるが、ビジネスは最低限三者（三方）がハッピーではないと成り立たない。これは私が数多くの企業を担当してきた経験からも断言できる。

ＡＩとの協業

ココペリの強みはＡＩである。社内には優秀なＡＩエンジニアが多く在籍しており、日々新しい進化を起こしている。日々彼らの業務をみていると、いろいろな業務をＡＩが担ってくれるようになることがわかる。そのなかで、認識しなくてはいけないことは、「人間のできることを高度化させるためのＡＩである」という点である。未来を予測するのではなく人間がやることを代替しているのがＡＩである。たとえば資金繰り予測などは、広義でいえば未来を予測することになるのかもしれない。しかし、それは人間でもできることをＡＩが代替しているだけであり、ココペリで考える「ＡＩ」は、あくまで人間が人間にしかできないことに集中するための手段としてとらえている。もう少し掘り下げると、人間の能力でできることではあるが、時間やリソースなどの観点から気づけなかった事項がＡＩを利用して顕在化することも、ＡＩを利用する価値としてとらえている。あくまで人間がやらなくてもよいこと、人間もできるが時間や労力がかかることをＡＩが行う。そして、ＡＩによって空いた時間を活用して人間しかできないことを行い、生産性や能力の高度化を促進する。このサイクルが続くとデータが蓄積されることにより新たにＡＩが業務を簡易化し、人間は新たな能力を習得していく。この仮説を立てるとすると、金融機関のようにコンサルティングを求められる業態であれば、いち早くＡＩを取り入れていかなくてはならない。よく耳にするのがＡＩを使って何をすればよいかわからない、まだ早いという声である。言葉を学ぶには実戦で使わないと使えるようにならないのと同じで、ＡＩも使ってみてわかることのほうが多い。これからはＡＩとの協業は必須である。失敗を繰り返せば必ず成果が生まれる。経費削減という名目で大事な部分に投資を行わないことは衰弱を招くし、経費を削減したいならＡＩは真っ先に取り入れるべきである。また、経費削減ではなく収益をあげるために行動を起こすほうが人は何倍もの力を発揮する。将来を担う投資にはたとえ失敗したとしても果敢にチャレンジしてほしいと願っている。ＡＩ活用によるビジネスチャンスは金融業界には多く存在しているはずである。

金融サービス革命で地域を幸せに

地域活性化が、日本を活性化し世界を活性化する。金融機関や金融サービスの定義が変わっていくなかで、いままで以上に地域を幸せにすることが金融機関のミッションである。ココペリはＢｉｇ Ａｄｖａｎｃｅを通じて、地域金融機関と一緒に金融サービス革命を果たしていきたい。Ｂｉｇ Ａｄｖａｎｃｅはまだ始まったばかりの未熟なサービスである。しかし、多くの有能なバンカーたちとともに成熟させていくことで必ず地域を幸せにできると信じている。Ｂｉｇ Ａｄｖａｎｃｅが地域企業のインフラになり少しでもお役に立てるように、今後も成長を果たしていかなければならないと肝に銘じている。

信用金庫からココペリというＩＴ企業へ移籍し、まったく別世界で活動をしているが、軸となっているものは地域企業のため、地域活性化のために貢献していくという信念であり、横浜信用金庫時代からなんら変わるものではない。地域企業のお役に立ち、喜んでいただくことが何よりも仕事のやりがいである。そして今後も少しでも多くの企業に貢献したいと考えている。金融サービス革命はまだまだスタートしたばかりである。Ｂｉｇ Ａｄｖａｎｃｅをこれからも進化させて、金融機関とともに多くの地域活性化を実現し、多くの方々に幸せをお届けしたい。

「地域企業にテクノロジーを届ける」。

これがＢｉｇ Ａｄｖａｎｃｅとココペリの使命である。

あとがき

「最高の19年間」

金融機関に勤務していた時代を振り返った時に真っ先に思うことです。

地域金融機関で多くの仲間とともに切磋琢磨し、多くの経営者に出会い貴重な話を聞くことができました。バンカーという仕事は素晴らしい職業だと思います。

バンカーの魅力はそれだけではありません。

地域経済に大きな影響を与えることが可能です。地域活性化のために最前線で闘うこともできます。これこそが、バンカーにとっての最大のミッションであり、最大の魅力であると思います。

そして、ここからの10年間で金融業界は大きく変化するでしょう。その大きな渦のなかでチャレンジができる環境です。

IT化だけではなく、金融機関としてのあり方が変わっていく流れに携われることは非常にチャレンジングであり、非常に楽しい時間になると思います。

私は、若いバンカーたちにぜひともその楽しさを味わってほしいと願っています。

昨今の新卒者の就職活動では、銀行や信用金庫が敬遠されています。斜陽産業といわれ、ＡＩ

が代替する職業ともいわれ学生からの人気も落ちているようですが、実際は違います。

金融機関のミッションは地域活性化です。地域活性化に終わりはありません。そして、地域活性化はテクノロジーの力だけでは達成することはできず人の力が必ず必要になります。

金融機関にはそうした大切なミッションがあります。その大切なミッションに携われることに誇りを感じてほしいと願っています。

全国各地の金融機関を訪問して多くのことがわかりました。

どこの地域にも有能なバンカーが多く、地域活性化に向けて真剣に向き合っているということを肌で感じられました。いずれやってくるかもしれないアマゾン銀行などテクノロジー銀行にはできないことを実現できる力が、地域金融機関にはあると実感することができました。

私は縁あっていまはＩＴ企業に在籍しています。10年前はこんな姿を想像すらしていませんでした。金融機関では、地域企業と真っ直ぐに向き合って、もっとお役に立ちたいと思いながら一生懸命動いてきましたがそれはいまも変わりません。結果としてＩＴ企業に在籍していますが、想いの部分は変わっていないのです。これからもバンカーと同様に、地域活性化に向けて自分に何ができるのかを模索して突き進んでいきたいと考えています。

「金融サービス革命で地域を幸せに」

これはわれわれだけではなしえないものです。

全国各地の金融機関とバンカー、そしてＦｉｎＴｅｃｈ企業が手を取り合い、地域活性化や日本活性化に向けて努力を重ねることで達成しうるものであると思います。これからも地域金融機関のバンカーの皆様と一緒に突き進んでいきたいと願っています。

新卒で入社した時から私を育ててくださった横浜信用金庫の役職員の方々には心より感謝しています。多くの方に支えられ、多くのことを教えていただき、多くのチャンスを与えていただいたからこそ、多くのことを学ぶことができました。また、横浜信用金庫を通じてお会いした多くの取引先企業の方々にも多くのことを学ばせていただきました。この場を借りて御礼申し上げます。

また、今回の執筆のきっかけをつくっていただいた金融経営研究所代表取締役の山口省蔵氏にも感謝の意をお伝えしたいと思います。

そして、本の執筆に関して右も左もわからない私を粘り強くご指導いただき、企画段階から多くのアドバイスをいただき、本書をかたちにしてくださったきんざい出版部の堀内駿氏には特別の御礼を申し上げます。おそらく多くのご苦労があったことかと思います。本当にありがとうございました。

著者略歴

田島　達也（たじま　たつや）

株式会社ココペリ　執行役員。

1977年、神奈川県生まれ。東海大学文学部広報学科卒業。

2000年に横浜信用金庫へ入社し、長年法人営業として活躍したのちに業務推進部へ異動。営業体制改革を担当し、2018年には自ら発案した「Yokohama Big Advance」をリリース。

「Big Advance」を全国へ広げるために、2019年に株式会社ココペリへ入社。

「金融サービス革命で地域を幸せに」という理念を掲げ、自らを育ててくれた「地域企業」への恩返しを果たすべく全国を行脚している。再現性のある営業と組織マネジメントを得意とする。

KINZAIバリュー叢書
行動はすべてに勝る
——地域をつなぐ金融プラットフォーム革命

2021年1月27日　第1刷発行

著　者　田　島　達　也
発行者　加　藤　一　浩

〒160-8520　東京都新宿区南元町19
発　行　所　**一般社団法人 金融財政事情研究会**
企画・制作・販売　**株式会社 き ん ざ い**
出 版 部　TEL 03(3355)2251　FAX 03(3357)7416
販売受付　TEL 03(3358)2891　FAX 03(3358)0037
URL https://www.kinzai.jp/

校正：株式会社友人社／印刷：株式会社日本制作センター

ISBN978-4-322-13574-9